2019年度德州学院学术著作出版基金项目（4号）及德州学院2015年度校级科研立项人才引进项目（项目编号：2015skrc02）资助

经济管理学术文库·经济类

农地流转促进专业农场经营问题研究

Progress of the Rural Land Circulation on Development of Specialized Farms Management

金红兰／著

经济管理出版社
ECONOMY & MANAGEMENT PUBLISHING HOUSE

图书在版编目（CIP）数据

农地流转促进专业农场经营问题研究/金红兰著. —北京：经济管理出版社，2020.7
ISBN 978-7-5096-7277-8

Ⅰ. ①农… Ⅱ. ①金… Ⅲ. ①农业用地—土地流转—影响—农村管理—研究—中国 ②农业用地—土地流转—影响—农村管理—研究—日本 Ⅳ. ①F32 ②F331.3

中国版本图书馆 CIP 数据核字（2020）第 133791 号

组稿编辑：杨国强
责任编辑：杨国强 张瑞军
责任印制：黄章平
责任校对：张晓燕

出版发行：经济管理出版社
（北京市海淀区北蜂窝 8 号中雅大厦 A 座 11 层 100038）
网 址：www. E-mp. com. cn
电 话：（010）51915602
印 刷：北京玺诚印务有限公司
经 销：新华书店
开 本：720mm×1000mm/16
印 张：12
字 数：202 千字
版 次：2020 年 10 月第 1 版 2020 年 10 月第 1 次印刷
书 号：ISBN 978-7-5096-7277-8
定 价：88.00 元

目 录

第一章
绪　论

第一节　研究背景

习近平总书记在党的十九大报告中指出，农业农村农民问题是关系国计民生的根本性问题，必须始终把解决好“三农”问题作为全党工作的重中之重。自2004年起，中央一号文件连续聚焦“三农”问题，并将土地改革作为解决“三农”问题、实现乡村振兴发展的关键抓手。近年来，为了解决三农问题，各级政府不断尝试了各种各样的改革。其中，尤其是促进农地流转和培育新型农业经营主体成为重要课题。

自2014年后，中央一号文件和各类农村相关政策均明确聚焦于土地改革。土地是农民最大的财富，农村改革又从土地承包开始。我国实行家庭联产承包责任制，形成的2亿多承包农户，导致了“大国小农”是我国的基本国情农情。第三次农业普查数据显示，目前，我国户均农地经营规模为7.8亩，经营耕地10亩以下的农户有2.1亿户，占全国总农户数的91.3%，小农户数量占到农业经营主体的98%以上，小农户从业人员占农业从业人员的90%，小农户经营耕地面积占总耕地面积的70%。这种小规模甚至超小规模的经营格局导致了农业的低收益性，降低了农民的农业生产积极性，促使了大量农村劳动力自发地从农业部门转移到非农业部门，从农村流向城市。农地零散的小农户经营难以实现适度规模经营，加上大量农村青壮年劳动力的流失难以确保农业生产经营人员数量及培育优质新型农业经营主体。在社会主义市场经济的发展及农业全球化的进展的背景下，如何联结小规模农户和市场经济成为了重要的课题（神田健策、大岛一二，2013），对其的研究有助于促进实现小农户和现代农业发展的有机衔接。

自 1984 年起，我国逐步放开农地流转政策。农地流转可以扩大农业生产经营规模，实现农业规模经济效应，提高农业生产效率，增加农民收入。农村土地承包经营权流转相关的法律和政策经历了“原则上禁止—放松管制—积极推进”的过程。近年来，国家高度重视农地问题，通过推进农地产权分置改革、健全农地承包经营权流转市场、鼓励培育新型农业经营主体、加强农地流转中介服务等一系列政策措施，大力推动农地流转（赵朝，2018）。截至 2018 年，我国农地流转总面积达到了 5.4 亿亩，流转承包耕地的农户达 7200 万户，占家庭承包农户数的30%以上。

2018 年 10 月，党的十七届三中全会通过了《中共中央关于推进农村改革发展若干重大问题的决定》。该文件指出，按照依法自愿有偿原则，允许农民以转包、出租、互换、转让、股份合作等形式流转土地承包经营权，发展多种形式的适度规模经营。文件提到，有条件的地方可以发展专业大户、家庭农场、农民专业合作社等规模经营主体。2019 年 11 月，中共中央、国务院发布《关于保持土地承包关系稳定并长久不变的意见》，该文件强调了“两不变，一稳定”，既可以进一步稳定农户承包权，使农民放心地流转土地，也能让新型经营主体有稳定的预期，能够放心地流入土地，加大农业投入，发展现代农业。

在国家政策的大力支持下，各地区新型农业经营主体实现了蓬勃发展，家庭农场、专业大户、农民合作社、产业化龙头企业等新型农业经营主体已成为现代农业发展、乡村振兴的主力军。2013 年中央一号文件提出，鼓励和支持承包土地向专业大户、家庭农场、农民合作社流转。其中，“家庭农场”的概念是首次在中央一号文件中出现。吉林延边与上海松江、湖北武汉、浙江宁波、安徽郎溪等成为全国五大发展范本之一，成功创立了“专业农场”这一“延边模式”。

2008 年吉林延边州委、州政府出台《关于推进农村改革发展的实施意见》，首提“提倡多途径探索，推进土地流转，鼓励创办多元化专业农场”的发展思路，开始了专业农场试点工作；2009 年延边州人民政府出台《关于发展专业农场促进土地流转推动城乡一体化试点工作的指导意见》；2011 年延边州委、州政府出台《关于发展专业农场促进土地流转加快推进城镇化的若干意见》；2013 年延边朝鲜族自治州第十四届人民代表大会通过《延边朝鲜族自治州促进专业农场发展条例》，为加快延边州专业农场发展加强了政策扶持。全州积极培育规模经营主体，大力发展专业农场，促进农村土地流转，全州依法注册的专业农场数为 2011 年 199 家、2012 年 451 家、2013 年 687 家、2014 年 845 家、2015 年 1137 家，呈现逐年增长的趋势。

吉林省延边州是中国唯一的朝鲜族自治州和最大的朝鲜族

聚居地区，与朝鲜、俄罗斯接壤。截至 2017 年底，延边朝鲜族自治州户籍总人口为 210.14 万人，其中朝鲜族人口为 75.72 万人，约占总人口的 36%。由于地域的特殊性，面临着多种军事、政治、民族性课题，导致经济发展滞后（金虎范、上野和彦，2009）。其结果是，延边州的农村劳动力向收入高的国内外地区流出，尤其是 1992 年中韩建交使大批农村朝鲜族前往高收入的韩国或国内韩国相关企业打工，加剧了农村劳动力的流失及农村老龄化程度。随着外地打工与农业生产经营收入差距扩大，朝鲜族农户的农业生产经营积极性不高，大量农民离农，成为了农地转出农户[①]。相反，随着近年来农产品价格上涨以及惠农政策的实施，规模经营土地发展现代农业可以有效解决传统农业效率低、抵御风险能力弱等一系列问题，部分朝鲜族农户从事于农业生产经营的意欲和积极性提高从而成为了农地转入农户。

延边州的民族、边境地区等特殊性，以及专业农场相关的一系列优惠政策，为专业农场的发展提供了良好的环境和条件。近年来，延边州大力发展专业农场，加快土地流转，推进农业规模化和产业化经营，加快了农民增收致富的步伐。2012 年，被农业部确定为全国 33 个农村土地承包经营权流转规范化管理和服务试点单位之一，“延边模式”——“专业农场”也得到了农业部的充分肯定。专业农场经营类型分为农民个人创办、非农创办、农民合伙创办、企业创办、农民合伙合作社转型或领办。

延边州通过专业农场的培育，在一定程度上实现了把分散的农地连成片规模经营、把分散的小农户与现代农业发展有机

① 本书中的调查农户分为转出农户、转入农户、自作农户三种立场不同的农户。转出农户是指转出自家农地经营权，保留自家农地承包权的农户；转入农户是指获得转出农户的农地经营权的农户；自作农户是指只经营自家承包地的农户。

衔接、使现代科学技术及管理模式更有效应用于农业生产经营，并在其中起到了关键的作用。因此，深入调研延边州的专业农场的农地流转现状，考察农地流转效益，剖析农地流转的影响因素，探究推进农地流转的对策及专业农场发展方向等显得十分紧迫而必要。

第二节 文献综述

一、农地流转相关研究

东亚各国虽在经济发展阶段、经济制度、文化结构上存在差异，各有特色，但基本上具有相似的农业结构。因此，日本农业所用过的方法和经验对其他东亚国家也有效，日本所采取的措施也将有很大的参考价值（盛田清秀，2008）。

因此，本书将重点放在中国和日本的农地流转背景下，把握农地承包经营权的农户的意识、意愿，并梳理通过农地流转进而扩大农业经营规模的过程和现状。具体而言是从农地流转影响因素、对农地流转的农户意愿及行为、农地流转与农业经营规模扩大三个方面的现状进行研究，并以这些研究为基础，提出相应的研究课题。

（一）农地流转影响因素相关研究

1. 中国的农地流转影响因素相关研究

探析农地流转影响因素是农地流转研究的重要课题之一，

且影响因素很多。主要有注重于农业劳动力向其他行业的转移程度（李明权等，2005）、农户家庭收益最大化（钱忠好，2008）、地权稳定性预期（黎霆等，2009）、区域经济发展水平（包宗顺等，2009）、农地流转的过程及支持政策（俞炳强，2011）、交易成本（杨成林，2014）、农地流转的市场逻辑（罗必良，2014）、农地产权问题（赵阳等，2017）等方面的研究。

李明权等（2005）通过对吉林省延边州农地转包的基本情况进行问卷调查，将问卷分成转包农户（农地流出农户）、接包农户（农地流入农户）、既不转包也不接包的农户（只经营原承包地的农户）三种类型，并对收到的188份有效问卷利用多元回归模型分析影响农地流动的因素，得出影响农地流动的最直接、最主要的因素是农业劳动力向非农产业转移的程度。

钱忠好（2008）认为，非农就业并非必然导致农地流转。因为追求家庭收益最大化，尽管存在家庭成员的非农就业，但并不发生土地流转，而是部分家庭成员非农就业，家庭成员内部分工，农户经营兼业化。这也是多年来尽管政府一直提倡农业规模经营，却迟迟未能实现预期政策目标的原因之所在。

黎霆等（2009）通过对山东省莱阳市（县级市）、江苏省通州市（县级市）和重庆市奉节县6个乡镇12个行政村进行调查，进一步证实了转出农地和转入农地两种情况下都发现地权稳定性预期是影响农户参与农地流转的重要因素。

包宗顺等（2009）对江苏省苏南、苏中、苏北的调查得出：地区间经济发展水平存在的巨大梯度差异，导致地区间在农村土地流转规模、流转速度、流转方式、流转土地集聚程度和农户土地流转行为等方面也都存在明显差异；农村非农产业发展水平、劳动力文化素质、人均纯收入水平、社会保障水平和农业生产结构均对农村土地流转有显著影响。总体而言，上述因素对农村土地流出率的影响程度均大大高于对农村土地流入率的影响程度。

俞炳强（2011）以苏南地区的常熟市为例，分析了农地流转的实际情况，明确了农地流转过程及支持政策的意义。农地流转的过程可分为直接型、中介型及（土地股份）合作社型三种类型，农地流转补助的对象主要是中介型和合作社型。在农地流转的过程中，村民委员会作为中介组织，对实现农地流转及集约化起着重要作用，并且非农业发展水平和农地条件影响着农地流转及流转价格水平。

杨成林（2014）认为，中国尚未建成农地流转市场，因此出租方农民和承租方农民在农地流转中都面临着高昂的“交易成本”以及相关的风险和不确定性。这才是制约农地流转的主要障碍。

罗必良（2014）认为，农户普遍存在的禀赋效应，因土地人格化财产特征的强化，而成为抑制农地流转的重要根源。农地流转并不是一个纯粹的要素市场，而是包含了地缘、亲缘、人情关系在内的特殊市场，有其特殊的市场逻辑。推进农地的流转及其规模化经营，需要针对产权主体与产权客体不可分的交易约束，进行相应交易装置的选择与匹配。

赵阳等（2017）对农村土地承包经营权确权登记颁证与农地流转的关系进行分析，得出农村土地承包经营权确权登记颁证后，土地产权明晰，农民拥有土地承包经营权证书，降低了土地流转双方的交易成本。明晰的农地产权可以保证农民农地流转享有充分的自主权，培育土地流转市场，促进土地承包经营权证书抵押贷款、土地入股、联合耕种等多种新型流转方式，提高流转效率。

2. 日本的农地流转影响因素相关研究

日本的农地流转影响因素研究主要有注重于经营主体变化（高桥大辅，2013）、交易成本（草苅仁，1998；藤荣刚，2003）、农用地转用期待（神门善久，1996；有本宽等，2010）等方面。

高桥大辅（2013）指出，农地租赁发展的背景应该是“作为农地流转出农户的小规模农户具备了放弃农地的条件”和“作为农地转入农户的大规模农户及集落营农[①]能够转入农地”，这些结构性变化是因高龄农业者退出（Retire）及重视“水田、旱田经营所得安定对策”等大规模经营体和集落营农政策所带来的影响。

草苅仁（1998）指出，交易成本的存在会产生规模间的地租之差。藤荣刚（2003）明确处理了探索费用和妥协费用，认为：探索费用的增加表示地租的上涨和包括耕作放弃地等未利用土地率的提高；假如交易成本为零，则将阻碍应进入农地租赁市场的潜在农地转入农户和农地转出农户的参入。

神门善久（1996）指出，由于日本在商业惯例上所有权和使用权并非完全分离，因为对于转用收入的期待，即使经营效率低下的农户也对农地出售及出租持有谨慎态度，其结果导致了农地流转进展缓慢，转用期待成为了农地流转的阻碍因素。

有本宽等（2010）认为，农地流转的主要阻碍因素为“农地的特质”“围绕农地的权利”“投资与有益费用”“交易成本”“农地的转用期待”“农地的零碎化、分散错圃（各家农户所有

① 集落营农是指以集落为单位，村民共同认可并达成协议，共同或统一进行整个或是部分环节的农业生产，通过合理利用集落内农业生产要素，提高农业生产性。因此，可以理解为“村落共同型农业生产经营组织”。

或使用的田圃相互交错组合的情况)、圃场整备”六个方面。

关于农地流转影响因素相关的研究表明，两国农地流转主要以出租（转包）形式进行。两国都关注农业劳动力的短缺、交易成本以及农地集聚在专业大户和农业经营组织里的状况。但是，在中国的研究中，地权稳定性预期、区域经济发展水平、相关支持政策是农地流转的重要影响因素；而在日本的研究中，对所有权的强烈的权利意识是阻碍农地流转的主要因素。由于农地流转受到地区性、农业政策的变化等多方面的影响，因此，对农地流转的农户意愿及行为的研究非常重要，以下对其相关的研究成果进行整理。

（二）农地流转的农户意愿及行为相关研究

1. 中国的农地流转的农户意愿及行为相关研究

中国的农地流转的农户意愿及行为相关研究主要注重于农地资源流转过程（钟涨宝，2004）、相关利益主体的利益分配关系（李启宇，2010）、民族混合地区民族间的农地流转（李英花等，2011）、非市场行为（林文声等，2015）、劳动力配置与保障替代（钟涨宝等，2016）、农户认知水平程度（滕鹏等，2017）等方面。

钟涨宝（2004）认为，由于农地资源作为一种商品具有它的特殊性，具有经济功能和社会保障功能，在农地流转过程中农户的行为选择也不可能完全理性化。因此，农户农地流转行为既是一种经济行为，也是一种社会行为。农户是否参与农地流转以及选择怎样的路径流转，都是特定行为环境下所作出的主观抉择，即农户的农地流转行为不仅受农地市场等客观环境的影响，还受特定社会文化下人们所形成的心理与主观认知的影响。

李启宇（2010）认为，健全的社会保障、较高的农户家庭收入和非农收入比重、合理的农地流转价格和有效的中介组织有利于增强农户农地流转意愿，推进农地流转。要促进农地承包经营权流转，必须处理好相关利益主体的利益分配关系：农户转出农地获得的总报酬不低于自己经营农地；转入方转入农地获得的报酬不低于社会平均利润；降低交易成本，能增加农地转出方和转入方的报酬。

李英花等（2011）以黑龙江省鸡西市H村为事例，根据农地流出与流入双方的农户经济、经营分析，发现朝鲜族农户的农地流出增加，尤其是向汉族比例高的邻村的流出增加，并且不少农户拥有农地流入意愿，其原因为要扩大水稻种植规模。

林文声等（2015）将农地流转市场分为“关系型人情市场”和“要素型租赁市场”，通过实证分析得出三个结果：第一，我国农地流转市场集中表现为“关系型人情市场”，农户对亲友邻居的农地流转存在非市场化的定价机制；第二，农户生存保障离不开对土地的依附和对亲友的依赖；第三，土地依附性、非专用土地资产、专业性人力资本、专用性社区资本、交易频率以及对亲友信任度等因素，促使农地转出给亲友邻居，而社会保障水平、通用性人力资本以及合约稳定性则有助于促进农地流转给社会主体。

钟涨宝等（2016）利用五省市农户调查数据分析了农户兼业程度、家庭劳动力配置自由度和农地保障功能可替代预期对农地转出意愿的影响。农户的农地转出意愿受其兼业程度影响，兼业程度越高的农户越愿意转出农地；农户家庭劳动力配置自由度越低、农地保障功能可替代预期越好，农户的农地转出意愿越强烈；低兼业程度农户的农地转出意愿更易受到家庭劳动力配置自由度和农地保障功能可替代预期的影响。农户的农地转出意愿，既考虑了眼前的经济收入，又照顾了长远的经济安全，是一种现实与未来相结合的理性思考。

滕鹏等（2017）根据对湖北省京山县农户农地流转的认知状况进行分析，得出农户的认知水平直接影响其农地流转决策，农户作为理性经济人，其是否愿意流转土地，是基于自身经济利益最大化理性选择的结果；影响农户农地流转意愿的因素中，愿意永久定居城镇，认为农地撂荒有限制，向往城镇工作机会多、收入高的农户，更愿意流转农地；对农村未来生活预期程度高，认为集体福利及国家补贴重要的农户，农地流转意愿较弱。

2. 日本的农地流转的农户意愿及行为相关研究

日本的农地流转的农户意愿及行为相关研究主要注重于接班人（仓泽贵幸等，2009），血缘、地缘关系等社会关系（仙田彻志等，2009；井坂友美，2014），以及农地选择（新田义修，2011）等方面。

仓泽贵幸等（2009）以中山间地域（平原外缘开始到山间地之间的地区）旱田（主要作物魔芋）的规模扩大经营为事例，分析了以租地扩大规模的生产农户的意愿决定因素，得出了有无农业生产经营接班人及能够判断未来的价格动向是判断是否扩大规模的主要意思（意愿）决定因素。还有，转入农地时首先考虑的是一片田圃的大小、集中程度以及离家的距离等物理性条件，但根据农户的具体状况及栽培的农作物种类，田圃的生产履历等信息也成为了考虑范围内的重要因素。

仙田彻志等（2009）利用香川县的调查结果，分析了农业经营中田圃分散和面积集聚意向的规定因素。结果显示，扩大经营规模时通常是先从亲戚、朋友等村落内具有地缘关系的熟人中转入农地，其次是通过其他对象转入农地，因此，在经营规模的扩大过程中，农地转出方超过地缘关系范围时，就会加剧田圃分散。此外，明确了有官职经验者比起农地的集聚更注重规模的扩大，打算利用农业委员会的调解进行农地租赁意向的农户则有农地集聚的意向，而团地化（园区化）的实现能进一步加强其面积集聚的意向。

井坂友美（2014）利用GIS进行了农地集聚过程及规定此过程的社会关系的相关考察。通过大规模个别农户的调查结果得出，基于血缘关系转入的农地面积占一定的比例，基于地缘关系转入的农地面积在农地集聚中形成了必要不可缺的基础，在农地流转中重视血缘、地缘等社会关系。

新田义修（2011）对将来有可能实现农地集聚的大规模农地转入农户进行农地选择相关的问卷调查，分析了大规模农地转入经营体的农地选择和农地集聚效果。结果显示，作为农地集聚的要素，不仅要考虑与家的距离及与现有耕地的距离，而且还要考虑田圃划分的大小、排水条件、灌溉调整的难易程度、是否限制大型机械的利用等作业效率及团地化（园区化）的存在，明确了农户对农地集聚意向中所重视的要素，依次为"农地集聚""作业能率""团地化（园区化）"。

从以上整理来看，两国都关注农地流转过程中的血缘、地缘、人情等非市场行为及社会关系。中国的农地流转的农户意愿及行为相关研究，还考虑民族混合地区民族间的农地流转、相关利益主体的利益分配关系、劳动力配置与保障替代、农户认知水平程度等方面；在日本的农地流转的农户意愿及行为相关研究，主要是从农地租赁相关的经营意向的角度出发，把焦点放在是否存在接班人、血缘地缘关系等社会关系、有无官职经验、规模扩大、农地集聚、团地化（园区化）等要素上。两国的农地流转的农户意愿及行为相关研究大多数为对农地转出农户和转入农户的现状分析、农地流转影响因素及意识和意愿的研究，极少提及今后有可能对农地流转起到重要影响的目前还没参与到农地流转中的自作农户。转出农户、转入农户、自作农户对农地流转的影响要素及原因各不相同，则相应的意识和意愿会产生较大差异，会影响整体农业经营规模扩大的发展，但目前相关研究还不够充分。并且，缺乏深入分析转出农户、转入农户、自作农户的意愿及行为的相关研究。

（三）农地流转与农业经营规模扩大相关研究

1. 中国的农地流转与农业经营规模扩大相关研究

中国的农地流转与农业经营规模扩大相关研究主要注重于村民委员会等村集体的中介（董彪等，2010），合作社、农场、企业等农业生产经营组织（李远东，2009；倪镜，2012），农户家庭决策（周娟，2018），地方政府主导（王雪琪等，2018），农业生产效率（鄢姣等，2018），以及实现小农户与现代农业发展的有机衔接（孔祥智等，2018）等方面。

董彪等（2010）以黑龙江省海林市新安朝鲜族镇为例，阐明了朝鲜族向汉族农地流转的情况，并指出在朝鲜村的农业生产经营农户的变化和基于农地转入进行的大规模经营的存立条件是村民委员会介入农地流转关系，以村内耕作农户为重点对象进行团地化分配，计算出保证耕作农户利益的租地费、农业机械化的发展和融资的可能性。

李远东（2009）认为，农业经营的规模化是我国农业发展的方向。但目前的状况下，不论是农户制下的家庭承包责任制还是农业产业化经营制度，都存在着一定的缺陷。农场制是取代农户制的最佳方式。还指出，我国农场的从业人员是本地农民的比例高，既是农场从业人员，又是农场土地的部分所有者，因此更具有责任心。

倪镜（2012）认为，农地集聚的主体有从个别农户转移到合作组织和企业的倾向，随着经营规模的扩大和合作社组织的普及，农民合作组织的农地集聚面积正在增加，特别是以大城市和沿海地区的经济发达地区为中心，设立了不少农地股份合作社。通过对江苏省的调查发现，农地股份合作社在农地流转及农户收入等方面实现了政策效应，但从长期来看，在作为合作组织的运营方式及加入农户的利益和权利的确保等方面存在不少问题。

周娟（2018）认为，土地流转和适度规模经营的决策内在于农户家庭生计策略，受家庭资源禀赋影响，同时，家庭决策具有复杂性、综合性和变动性，很难通过改变某一因素来推动土地流转和适度规模经营，如家庭承包面积是无法改变的，而抬高地租能促进农户流出土地，但同时也会阻碍土地流入者流入土地。对于土地流转与适度规模经营，需要将农户进行分类并有针对性地促进或扶持。推进土地流转与适度规模经营更适合以农户类型为依据、以农户为核心来推进。

王雪琪等（2018）利用江苏省 152 个种粮大户的调研数据，分析了地方政府主导下农地流转对农户转入规模与粮食单产的影响，并分析其与农户自发流转的影响差异。认为地方政府在推动农地流转过程中，应兼顾公共利益和粮食安全，推动适度规模流转；强化服务功能，完善保障监管措施，充分发挥流转服务、监督和规范作用，使得农地流转、规模经营符合粮食增产的目标。

郧姣等（2018）认为，农地流转改变了农地经营规模，从而提高了农户的农业生产效率；农地流转后存在一个农户适度经营规模区间使农业生产效率达到最优水平。实证结果显示：农地转入仅对土地产出率具有正向作用，而农地转出对农业劳动生产率和土地产出率均具有积极影响。

孔祥智等（2018）认为，中国的农业规模经营，尤其是以土地租赁为主要内容的土地流转型规模经营，导致了没有改变中国土地小规模经营的现状及租地的规模经营主体会面临较大的经营风险和负面经济效应等问题。因此，中国要想在小农户的基础上实现农业现代化，走以土地租赁为主的土地流转型规模经营的道路是行不通的。把农民组织起来，进一步健全农业社会化服务体系才是中国发展现代农业的唯一出路。

2. 日本的农地流转与农业经营规模扩大相关研究

日本的农地流转与农业经营规模扩大相关研究主要注重于大规模稻作经营的复合化和多元化（吉田俊幸，2003）、大型经营体的农地集聚过程和地域社会内的存在状况（细山隆夫，2009）、大区划田圃整备（细山隆夫，2011）、适度规模经营（平石学，2012）、内外部环境和战略选择（数寄龙也等，2012）、基于区划交换的农地团地化的可能性（有本宽等，2014）。

吉田俊幸（2003）发现在大规模稻作经营的复合化和多角化进程中，法人、大规模稻作经营、认定农家（指那些在改善农业经营效率和扩大规模上有积极性的农业经营者，由市町村进行选择和认定）等通过复合化、多角化扩大规模的意欲很高，尤其是拥有加工部门的稻作经营中此倾向更为强烈。

细山隆夫（2009）以日本农业结构改革先进地的十胜平野的大型经营群为对象，分析了超过100公顷以上的大型经营体的农地集聚过程和地域社会内的存在状况。结果表明，即使是大规模法人经营，依据村落的农地调整规则下，其农地集聚并不顺利，但通过大规模化可以维持地区农地。而且，虽然所有法人都希望扩大规模，但从地区的农地供需结构来看并不容易，难以形成多数相同规模的大规模经营体。

细山隆夫（2011）以大规模租地经营和集落营农并存，同时进行大区划田圃整备的新潟县上越市三和区为对象，通过当地行政统计数据和实地调查，探讨了地区的大规模租地经营和集落营农的存在状况，并根据区内最大规模 N 经营体的实际情况调查，明确了通过大区划田圃整备的农地集聚及团地化状况。在大规模租地经营中，高端经营中实现了省力化农业和农地团地化。随着大区划田圃整备，管理工作、资源管理共同工作等方面实现了省力化，大规模租地经营行动的自由度增加。同时，在脱农显著的村落中，随着面积份额的扩大，实现了农地团地化=农场制农业。因此，农场有望成为该村的农地接收者，并与其他参与耕作的农户调整农地集聚同时，可以进行进一步加强集聚与团地化为目标的经营战略。

平石学（2012）以北海道十胜地区为对象，整理了大规模农业经营的发展过程，并通过分析大规模经营的资源的保有、利用及生产性的阶层间差距，考察了种植旱田作物的适度规模。结果显示，家族经营的最大适度规模为 80 公顷，必要最小规模为约 30 公顷。

数寄龙也等（2012）基于希望扩大经营耕地时应选择何种经营战略才能达成农地集聚的视角，通过对每个不同经营的农地集聚的状况、内外部环境和农地集聚战略的关系分析，明确了农地集聚所需的环境和战略。为了农地集聚，有利于转入农地的外部环境和转入农地时的选择取舍是必不可少的。另外，如果附近存在多家大规模个别经营，则会出现战略上的冲突，也有可能造成其中的一些无法达成农地集聚的局面。

有本宽等（2014）通过模拟验证了基于区划交换的农地团地化的可能性。第一，目前，一部分农户间进行的个别、分权的相对交换，缺乏自发性交换所必需的“需求的双重巧合（Double coincidence of wants）”，因此，在团地化的进展并不顺利。第二，采用Top trading cycle（TTC）算法，提案了复数农户同时交换区划的集团、集权性的方法。该方法可以缓解“需求的双重巧合”的制约，与个别、分权的相对交换相比大大提高集团化率。而且，参与的农户越多，其效果越明显。让更多农户参与，进行集团、集权性的分配，对促进农地团地化有积极作用。

以上研究表明，中日两国的农地流转和农业经营规模扩大，都是由大规模农户及组织性经营体来实现，农地也集聚到这些经营体。另外，先行研究还着眼于规模扩大而带来的经营复合化和多角化。为了更具体地阐明这一点，有必要理清其发展过程和方向，因此，开展对基于农地流转而进行大规模经营的经营者和给这些经营者提供农地的普通农户及共同进行大规模经营的参加农户的意识、意向、意愿等方面的研究是有必要的。

二、专业农场（家庭农场）相关的研究

专业农场是家庭农场探索先行者的五大模式之一，经营类型为农民个人创办、非农创办、农民合伙创办、企业创办、农民合伙合作社转型或领办。从经营类型可以看出，延边州的专

业农场既是家庭农场，又是专业大户、农民合作社、农业产业化龙头企业、农业社会化服务组织等新型农业经营主体相关的农业组织。

因此，本书从延边州的专业农场（家庭农场）、家庭农场、新型农业经营主体三个方面对研究现状进行概述，并以这些研究为基础，提出相应的研究课题。

（一）延边州的专业农场（家庭农场）相关研究

相关研究主要有注重于促进土地流转（延边朝鲜族自治州人民政府课题组苏和平等，2009），少数民族地区特有的情况和风俗特色（朴世峰，2014），农村土地流转规范化、法制化（张放等，2014），家庭农场的发展目标与方向（宋克彬等，2015），经营者经营能力（田馨凝等，2015），适度规模经营（白士天等，2016），以及外界环境因素（陈楠等，2017）等方面。

延边朝鲜族自治州人民政府课题组苏和平等（2009）以延边朝鲜族自治州为例论推动少数民族地区农村产业化、城市化的途径。认为在坚持家庭承包经营制度的大前提下，建设专业农场，加快土地流转，促进土地规模集中经营，走产业化道路，是促进农村产业化、城市化的有效实现形式。

朴世峰（2014）认为，延边州的耕地面积小、零星分布，但是人均耕地面积大，且有许多废弃待用的耕地，既有美国的地广人稀的特点又有日本的耕地少的特点；延边州劳动力稀少，外出务工人员比例较高；在发展专业农场的过程中主导产业的选择也有明显的地域性，民俗特色浓厚。延边州已经具备了发展专业农场的条件：非农产业发展较好，农民就业机会较多，通过出国打工等手段有了一定的资金积累，闲置的土地较多，使土地流转成为可能。

张放等（2014）以吉林省延边州为例，探讨农村土地流转如何规范化、法制化：以发展专业农场为主线，通过一系列法律规制措施，强化对土地流转行为的有效规范；通过立法保护土地流转农户的社会保障权利、确立对专业农场的扶持培育体系，确保土地流转的后续实效，从而最终实现承包土地向专业农场合法流转的政策目标。发展专业农场、维护农民权益、加快推进城镇化的农村土地承包经营权流转规范化、法制化，对于完善土地管理制度具有重要意义。

宋克彬等（2015）认为，家庭农场的发展目标与方向应放在整个农业经济的做强之中，改变传统农业的弱质性产业地位，提升农业的比较收益，通过市场竞争，利用市场将农业所需的资源、要素吸引到农业产业中来，走农业与工业及其他经营方式的复合式发展道路，形成农业产业的可持续发展。

田馨凝等（2015）根据延边州八县市 121 份调查作为数据资料的基础，运用因子分析法、IPA 法，评价延边地区专业农场经营者农业经营能力。结果表明：专业农场经营者在与家庭成员关系处理、农产品销售、信息收集整理等方面能力相对较高，而财务管理方面存在一些不足。因此，今后应着重加强对经营者财务管理方面的培训，注入企业化的经营管理理念和方法，培育现代化经营模式的专业农场。

白士天等（2016）对延边州 49 个水稻家庭农场进行了 DEA 分析。结果表明：分散的水稻种植户的适度规模经营范围是 2 公顷左右，可以充分利用家庭劳动力；以家庭劳动力为主，适当雇用劳动力的水稻家庭农场的适度规模经营范围是 10 公顷左右；引入社会生产资源的较大规模的水稻家庭农场的适度规模经营范围是 36 公顷左右，有利于形成水稻种植“专业大户”。

陈楠等（2017）基于PEST模型从政治、经济、社会和技术角度解释家庭农场发展环境的构成要素，构建家庭农场发展环境要素分析模型，运用层次分析法计算出各层指标的权重，探讨家庭农场发展的环境作用机制。并结合吉林延边家庭农场的实际调研，得出吉林延边家庭农场的环境影响因素中，社会环境因素和政策环境因素作用突出，经济环境因素和技术环境因素次之。认为，应在坚持因地制宜原则的基础上，建立多样化的支农惠农融资渠道，提高土地流转效率，健全社会化服务体系，并强化政府对家庭农场的引导和扶持。

（二）家庭农场相关研究

家庭农场这个词的含义中西方有一定区别，家庭农场是以土地适度规模经营为前提的，以区别于家庭承包经营制，普遍认为它类似于种养大户的升级版，一直以地方实践为主，中央层面尚未对其做明确定义，学者们从不同的方向、角度思考问题，从多方面寻找解决家庭农场问题的答案。

相关研究主要有注重于民族地区新型城镇化（许华荣，2013），实践界定、资格条件与登记管理（高强等，2014），资源禀赋（苏昕等，2014），金融支持来源（汪艳涛等，2015），国际上多个国家横向比较及国内典型实践模式比较（王贻术，2015），多功能农业（李俏等，2015），交易成本（陈军民等，2015），家庭农场销售渠道模式（张焕勇等，2016），以及经营和服务双重主体地位（杜志雄等，2017）等方面。

许华荣（2013）认为，家庭农场是实现新型城镇化的有机组成部分，要从加大土地流转力度、拓宽融资渠道、赋予主体地位和加强政策扶持等方面发展家庭农场，促进民族地区新型城镇化进程。

高强等（2014）认为，家庭农场同时具有家庭经营和企业经营的优势，可以与专业大户、农业企业与农民专业合作社优势互补。以政策分析的视角，对家庭农场的概念、资格条件及登记管理等内容进行了梳理与归纳，并对家庭农场的经营者身份、经营范围、经营规模、从业人员以及登记主体类型等问题进行了重点探讨。

苏昕等（2014）从资源禀赋的角度探讨了我国家庭农场发展及其适度规模问题。根据我国国情推算，到 2030 年我国劳均耕作面积将达到 0.67 公顷，而家庭农场平均规模将达到 26.7 公顷。此外，根据各地资源禀赋、土地产出率和劳动生产率以及最终收益不同，我国各地家庭农场规模也有较大差异。

汪艳涛等（2015）基于金融支持来源视角，从家庭农场培育资金需求的内部与外部来源出发，构建农村金融支持影响家庭农场培育机理模型，并采用多元 Logit 方法对不同来源的农村金融支持效果进行实证检验。结果表明：政府提供的通用性金融支持、金融机构提供的专用性金融支持和农场自有资金对家庭农场的培育具有显著影响，其中家庭农场自有资金的影响最明显。

王贻术（2015）认为，家庭农场是当今世界各国农业生产经营的普遍形式，通过横向比较美国、日本等发达国家家庭农场，以及俄罗斯、印度等新兴发展中国家家庭农场，为我国家庭农场的发展提供借鉴，同时也比较分析了吉林延边等五个地区家庭农场的典型实践模式，并提出了促进我国家庭农场发展的对策和建议。

李俏等（2015）认为，在现实情境下，应积极引入“多功能农业”的发展理念，结合地方的资源禀赋与战略规划，注重开发拓展家庭农场在社会、生态、文化等方面的多重效用，形成具有地方特色的差异化发展模式，并完善相关配套政策。

陈民军等（2015）基于交易成本视角，探讨了家庭农场生成的内外动因，提出家庭农场在某种程度上具有契约性质，契约关系人的行为对家庭农场的生成会产生极大约束，为了减少契约达成与履行的成本，提出了从契约关系人间的利益相容、制度激励相容、与社区文化环境相容等方面破解家庭农场生成约束的思路；并强调政府安排的作用以及发展中介组织、提高农户学习能力等，以降低农户对制度的适应性成本。

张焕勇等（2016）分析了农产品市场中不同渠道模式下家庭农场最优决策行为，得出如下结论：政府直销区市场波动增大以及家庭农场风险规避程度变大，会导致家庭农场放弃在政府直销区销售农产品；相比于松散型“家庭农场+公司”模式，紧密型“家庭农场+公司”模式可以同时提高家庭农场与公司的效用；在一定条件下，家庭农场选择同时在两个渠道中销售农产品既可以规避风险又可以提高收入；等等。

杜志雄等（2017）认为，培育新型农业服务主体与培育新型经营（生产）主体具有同等重要性。在充分发挥生产功能、强化生产主体地位的同时，在一定程度上也在发挥服务功能，日益成为重要的新型农业服务主体。家庭农场服务功能的发挥和新型农业服务主体地位的确立，对于我国构建主体多元、竞争充分、分工协作的新型农业服务供给格局具有重要意义，应积极鼓励、引导和支持家庭农场不断提高服务质量和水平，完善服务功能。

（三）新型农业经营主体相关研究

相关研究主要有注重于现状、约束与发展思路（黄祖辉等，

2010），功能定位及成长的制度供给（郭庆海，2013），中外比较（汪发元，2014），中青年农民精英作用（刘同山等，2015），互联网金融和融资模式创新（江维国等，2015），辐射带动能力及影响因素（阮荣平等，2017），融资情况（王吉鹏等，2018），社会化服务能力建设与小农经济的发展（赵晓峰等，2018），参与精准扶贫（李伟民等，2019），以及推动农村三产融合发展的增收效应（陈璐等，2019）等方面。

黄祖辉等（2010）根据浙江省的调查数据显示：新型农业经营主体在经营规模、辐射带动、盈利能力、资金来源、市场导向、产品认证、品牌建设、销售渠道等方面具有明显优势。加快土地、资本等生产要素配置的市场取向改革，转变政府对农业的扶持方式，营造农业创业与就业的良好环境，建立农业经营者的退出与进入机制，在其发展要求、发展效率、发展力量、发展机制上寻求突破，是现阶段中国新型农业经营主体培育与发展的关键。

郭庆海（2013）认为，家庭农场代表着未来生产经营组织发展的方向，要把握公平与效率的尺度。要注重多种类型的农民合作社的发展，重视农民合作社的内涵式发展。农业企业应主要从事耕地以外的经营，要高度重视非农民主体进入农地经营所产生的负面效应。制度供给的滞后是影响新型农业经营主体成长的重要因素，要加快建设法制化农业。

汪发元（2014）通过中外农业经营主体比较，得出我国在农业经营主体上传统的家庭分散经营户数多，经营耕地面积小，效益低下。发达国家家庭农场数量多，农民合作组织普遍，各家庭农场经营土地面积大，农业单产高，农民合作组织联合程度高。发达国家对农业实行有条件的补贴，极大地促进了新型农业经营主体的发展。

刘同山等（2015）认为，新型农业经营主体的发展离不开青年农民精英。青年农民精英可以作为创新企业家填补城乡社会关系网络中的结构洞，在新型经营主体成长和农村经济发展中具有重要作用，总结了共青团河南省委促进青年农民精英发挥作用的成功经验及启示。

江维国等（2015）认为，互联网金融拓展了资金供给新渠道。P2P 信贷融资、基于大数据小额贷款融资、众筹融资、供应链融资等模式与新型农业经营主体融资模式创新具有内在契合性，而完善互联网金融基础设施、提高经营者金融与诚信意识、建设现代企业制度等举措是其融资模式创新的有力保障。

阮荣平等（2017）认为，大部分新型农业经营主体已经与农户建立起了利益联结机制，新型农业经营主体涉及较多的带动层面是涉农业务收入、农户带动、就业带动、标准化生产，而在三产融合、技术服务供给、公共物品供给、信息服务供给和金融服务供给层面涉及尚不多。新型农业经营主体综合带动能力由强到弱依次为农业产业化龙头企业、农民专业合作社和家庭农场。影响新型农业经营主体辐射带动能力的主要因素是经营主体类型、人力资本水平和经营规模。

王吉鹏等（2018）建议，合理确定贷款利率、降低融资成本，优化涉农信贷产品和服务方式、适当放宽贷款条件，完善信贷担保体系、健全信贷风险分担机制，拓宽财政贴息范围、加大财政贴息力度，强化政策性金融支农作用，以期破解新型农业经营主体融资难题。

赵晓峰等（2018）认为，通过农地规模流转、培育新型农业经营主体可能损害小农户利益，压缩小农经济的发展空间。

农民家庭经营与新型农业经营主体社会化服务相结合的发展模式，符合当前我国城市化和工业化发展阶段的客观实际。

李伟民等（2019）在讨论不同类型新型农业经营主体在缓解能力贫困、推进项目扶贫、促进资产扶贫中的优势作用，同时分析各类主体参与扶贫工作面临雇佣规模受限、精英俘获、小农户利益受损等现实问题的基础上，进一步指出，要从完善扶贫激励机制、加强扶贫项目监管及保障小农户权益等方面来发挥新型农业经营主体的反贫困作用。

陈璐等（2019）通过实地调查走访，实证分析政策实施对农户收入的影响，其结果表明新型农业经营主体是农村三产融合发展的重要推动力，新型农业经营主体参与农村三产融合对农户家庭经营性收入有显著的正向影响效应，农村三产融合的发展有助于农民收入的增加。

以上研究表明，专业农场（家庭农场）相关的研究呈现出多视角、多方法、多主题等特点，并且在理论和实践层面都具有一定的创新性。多是总结归纳、实证调研、案例分析、经验引介等描述性研究，着重政策理论解读，轻实践细则，从经营者视角、加入农户视角等方面可以更深一步的研究。

三、文献简要评述

目前中日农地流转相关研究（从农地流转影响因素、对农地流转的农户意愿及行为、农地流转与农业经营规模扩大三个方面）及国内的专业农场（家庭农场）相关研究（从延边州的专业农场（家庭农场）、家庭农场、新型农业经营主体三个方面）的成果虽然已经比较丰富，但也存在一些不足，可以进行更深一步的研究。

农地流转影响因素与对农地流转的农户意愿及行为的相关研究的不足之处：第一，大多数只考虑农地转出农户和转入农户的现状分析、农地流转影响因素及意识和意愿的研究，极少提及今后有可能对农地流转起到重要影响的目前还没参与到农地流转的自作农户。第二，缺乏深入分析转出农户、转入农户、自作农户三类不同立场的意愿及行为相关研究。

农地流转与农业经营规模扩大的相关研究、国内的专业农场（家庭农场）相关研究的不足之处：中日两国都关注农地向大规模农户及组织性经营体集聚的问题，还着眼于规模扩大而带来的经营复合化和多角化。为了更具体地阐明这一点，有必要理清其发展过程和方向，但目前缺乏相关方面的研究。并且，基于农地流转而进行大规模经营的经营者和给这些经营者提供农地的普通农户及共同进行大规模经营的参加农户（农场从业人员）三类不同角度的意识、意愿等方面的内容需要更深一步的研究。

第三节　研究内容、方法、构成

一、研究内容和分析方法

随着农村劳动力的流失，逐渐形成了农村土地经营权的流转和大规模经营的形成。根据地区劳动市场的发展程度和外地劳动的进展程度，农地流转的程度不同。本书事例对象的延边州，因为大批农村朝鲜族去高收入的韩国或国内韩国相关企业打工，大部分农户转出农地，因此，农地有利于集中在大规模经营农户中，成为在全国范围内农地流转发展较快、较好的地区之一。但随着近年来农产品价格上涨以及惠农政策的实施，规模经营土地发展现代农业可以有效克服传统农业效率低、抵御风险能力弱等一系列问题，也出现了有从事农业生产经营意愿的朝鲜族农户。

从农地流转的农户意愿及行为相关研究的文献简要评述中可以看出，为了更深入分析农地流转的实际情况，应对拥有农村土地承包经营权的各类农户，即农地转出农户、转入农户、自作农户现状、问题、影响因素、意愿以及行为进行深入调查，并在此基础上做出相应的分析。

20 世纪 80 年代中期以来，政府和相关部门出台了农地流转及适度规模经营相应的法律、法规和政策予以指导和规范，但其效果并不明显。从农地流转与农业经营规模扩大的相关研究、国内的专业农场（家庭农场）相关的研究的文献简要评述中可以看出，目前的农地流转主要通过合作社、专业农场（家庭农场）等组织进行，并实现了适当规模经营。

延边州委、州政府先后提出了“发展专业农场，促进土地流转”的工作思路。2011 年出台了《关于发展专业农场促进土地流转加快推进城镇化的若干意见》。主要内容为，要借助专业农场这个载体，让更多的农民从土地中解脱出来，去从事第二、三产业，既得到农地流转的收入，又实现劳动力务工的更大价值（李忠文，2015）。专业农场作为延边州重要的新型农业生产经营组织，在解决延边州的“三农”问题中起到了重要的作用。

因此，基于农地流转而进行大规模经营的专业农场经营者、给这些经营者提供农地的普通农户及共同进行大规模经营的参加农户（农场员工）三类不同角度的意识、意愿等方面的内容需要更深一步的研究，以更准确地把握延边州专业农场的发展过程、运营实际情况及积极发展专业农场的意义。

根据延边州的农地流转进展与开展专业农场经营的分析，可以期待对中国农业适度规模经营可行性的新见解。本书以图们 Y 镇为例，详细分析农地流转和专业农场发展相关问题。

在先行研究的基础上，本书阐述了延边州农地流转的实际情况，深度了解作为延边州农地流转重要手段的专业农场的状况，并阐述设立的经过和发展过程及开展方向。主要有以下四个方面：

第一，根据对 Y 镇 M 村和 Q 村的农地转出农户、转入农户、自作农户的问卷调查及访谈调查，明确了农地流转的实际情况，同时比较农地转出农户、转入农户、自作农户三类不同立场的意识、意愿，探讨该地区农地流转问题。

第二，根据对 Y 镇专业农场的经营者进行问卷调查及访谈调查，了解专业农场的实际情况以及专业农场经营者设立农场的目的、经营意识，探讨以大规模经营为目标的专业农场的状况和课题。

第三，根据对 Y 镇里进行生产、加工、销售、服务一体化经营的 YR 与 CX 专业农场经营者和加入农户的问卷调查及访谈调查，明确专业农场的发展过程和开展方向。

第四，根据对 YR 与 CX 专业农场加入农户（农场员工与普通加入农户）的问卷调查及访谈调查，分析了专业农场的农户家庭农业经营状况及对专业农场的评价，并且从专业农场加入农户的视角探讨专业农场的经营结构与课题。

二、研究构成

第一章 绪论。主要包括研究背景、文献综述、研究内容与研究方法、研究构成等方面的内容。这一章指出农地流转的重要性以及在延边州大力发展专业农场的必要性，整理了中日农地流转相关研究及国内专业农场（家庭农场）相关研究，提出本书的主要内容，并说明相关研究课题与研究方法。

第二章 中国的农地流转和适度规模经营制度及延边州的专业农场。将中国农地流转和适度规模经营制度的变迁分为开始阶段（1984~1992 年）、确立阶段（1993~2001 年）、规范阶段（2002~2012 年）、创新阶段（2013 年至今），整理了各阶段的特征，并介绍了基于延边州实际而量身定做的新型农业生产经营组织——专业农场的相关政策。

第三章 农地流转的状况与课题——以 Y 镇 M 村和 Q 村农户调查为例）。以延边州图们市 Y 镇的 M 村和 Q 村为调查对象，以农地转出农户、转入农户、自作农户三种立场不同农户的访问调查资料为基础，分析了农地流转现状，进而比较三种立场不同农户对农地流转的意识和意愿，探讨了该地区农地流转的课题。

第四章 专业农场的状况与课题——以 Y 镇专业农场经营

者意识调查为例。以 2010~2011 年设立的 Y 镇 14 家[①] 专业农场经营者进行的访问调查资料为基础，掌握了专业农场的状况、经营者设立专业农场的目的及经营意识，探讨了专业农场在扩大经营规模过程中面临的问题。

第五章　专业农场的发展过程与开展方向——以 Y 镇 YR、CX 两个专业农场为例。以对在 Y 镇已形成农产品生产、加工、销售、服务一体化模式的由专业合作社领办的 YR 专业农场和 CX 专业农场经营者进行的访问调查资料为基础，详细分析了专业农场的发展过程、经营状况、问题点、经营者的经营意识、两个专业农场的关系及今后的发展方向。具体是，根据经营者和加入农户的意识及经营状况分析经营内部问题，根据两个专业农场的发展过程和经营者意识分析两者的关系性，并探讨延边州专业农场的今后发展方向。

第六章　专业农场的经营结构和课题——以 Y 镇 YR、CX 两个专业农场的加入农户调查为例。以对专业农场加入农户（农场从业人与普通加入农户）的访问调查资料为基础，分析了专业农场加入农户（农场从业人与普通加入农户）的家庭农业经营状况、对专业农场的满足度进行综合评价，并明确了今后的意愿，从专业农场加入农户的视角探讨专业农场的经营结构与课题。

第七章　各章的概要与结论。基于各章的分析结果，总结出相应结论并陈述了今后的展望。

---

① 根据图们市 Y 镇的专业农场经营者 J 先生介绍，2010~2011 年，Y 镇里设立了共 15 家专业农场，但调查时实际运营的专业农场为 14 家（这 14 家专业农场是本书的调查对象），剩余 1 家专业农场代表去韩国打工，专业农场有名无实，因此，这家专业农场的经营与设立前没有变化，维持个别农户经营。加入该专业农场的农户，后来与其他农场签订合同。从 2012 年起，这 1 家专业农场不在 Y 镇政府资料的统计范围之内。

第二章

中国的农地流转和适度规模经营制度及延边州的专业农场

根据《中华人民共和国土地管理法》第二章第九条规定，农村和城市郊区的土地，除由法律规定属于国家所有的以外，属于农民集体所有；宅基地和自留地、自留山，属于农民集体所有。根据新《中华人民共和国农村土地承包法》（以下简称“新《农村土地承包法》”）第一章第九条规定，承包方承包土地后，享有土地承包经营权，可以自己经营，也可以保留土地承包权，流转其承包地的土地经营权，由他人经营。可以看出，目前农村土地实行集体享有农村土地所有权，农民享有农村土地承包权、农村土地经营权可以进行流转的“三权分置”。

根据新《农村土地承包法》对于土地承包经营权的流转方式仅限于转让和互换两种，其他关于承包土地权利的流转皆为土地经营权的流转。新《农村土地承包法》第二章第五节第三十六条规定，承包方可以自主决定依法采取出租（转包）、入股或者其他方式向他人流转土地经营权，并向发包方备案。新《农村土地承包法》对于转包和出租的概念进行了合并。根据《农村土地承包经营权流转管理办法》（2005 年 3 月 1 日施行，农业部令〔2005〕第 47 号）第三十五条对转包和出租的定义，转包和出租的共同点在于，转包和出租都是将部分或全部土地经营权在一定期限内转给他人从事农业生产经营的行为；转包或出租后，原土地承包关系不变；接包方（承租方）需要按照约定向转包方（承包方）负责。转包和出租的不同点在于，转包时接包方必须是同一集体经济组织的其他农户，出租时承租方的身份不需要局限于同一集体经济组织的其他农户。转包和出租的概念除受让方身份外，并无实质上的差别。

第一节 改革开放以来各阶段农地流转和适度规模经营制度的变迁及其特征

2008 年 10 月 12 日，党的十七届三中全会通过了《中共中央关于推进农村改革发展若干重大问题的决定》，此后，土地流转成为了热点话题，此问题也受到了政界及学界的关注。

1978 年改革开放以来，中国农村土地流转政策大致经历了禁止流转（1978~1983 年）—允许流转（1984~1987 年）—提倡鼓励（1988~2001 年）—规范流转（2002~2007 年）—政策推广（2008 年至今）阶段的变迁过程（史常亮，2018；文华，2010）。以土地流转为载体的土地适度规模经营的政策经历了最初发源（1978~1984 年）—试点探索（1985~1992 年）—正式确立（1993~2001 年）—法制化阶段（2002~2007 年）—新时期阶段（2008 年至今）（韩学平，2010）。根据上述划分法，农地流转和适度规模经营制度的变迁历程分为开始阶段（1984~1992 年）—确立阶段（1993~2001 年）—规范阶段（2002~2012 年）—创新阶段（2013 年至今）。

一、农地流转和适度规模经营制度的开始阶段（1984~1992年）

改革开放以后实行的农地生产经营制度是家庭联产承包责任制。截至 1983 年末，全国几乎所有的生产队实行家庭联产承包责任制。但是，该制度实施初期，土地的承包期限一般都比较短，最长也不超过 5 年。因此，稳定、完善联产承包责任制成为了中央政策的重点。

1984 年发布的中央一号文件《关于一九八四年农村工作的通知》，延长土地承包期，一般在 15 年以上。并且，开始关注了土地承包期中发生的实际使用情况，规定社员在承包期内，因无力耕种或转营他业而要求不包或少包土地的，可以将土地交给集体统一安排，也可以经集体同意，由社员自找对象协商转包。同时，在一号文件中，首次出现了“鼓励土地逐步向种田能手集中”的内容。此文件的发布，促进了农村土地承包经营权的稳定化，形成了农地流转和适度规模经营制度的基础。但同时文件也规定了“自留地、承包地均不准买卖，不准出租，不准转作宅基地和其他非农业用地”，土地流转的形式被严格限定为转包，对土地集中、承包经营权的处分形式限制严格，为农民间可能出现的多种方式土地流转设置了政策障碍。

1986 年发布的中央一号文件《关于一九八六年农村工作的部署》，强调指出随着农民向非农产业转移，鼓励耕地向种田能手集中，发展适度规模的种植专业户，首次出现了适度规模的表述，这是我国对农地利用模式的全新界定，标志着土地适度规模经营问题正式出现（韩学平，2010）。

1987 年发布的中央五号文件《把农村改革引向深入》提出，在京、津、沪郊区，苏南地区和珠江三角洲，可分别选择一两个县，有计划地兴办具有适度规模的家庭农场或合作农场，也可以组织其他形式的专业承包，以便探索土地集约经营的经验。中央第一次明确提出在有条件的地方有计划地探索农地适度规模经营。通过典型地区的实际操作，突破了家庭承包经营的限制，形成了我国农地流转的基本模式。

1988 年 4 月通过了《中华人民共和国宪法修正案》，宪法第十条第四款修改为“任何组织或个人不得侵占、买卖或者以其他形式非法转让土地，土地的使用权可以依照法律的规定转让”，为农地流转提供了宪法依据；1988 年 12 月发布了《中华人民共和国土地管理法》（1988 年修正），第二条第四款修改为“国有土地和集体所有的土地的使用权可以依法转让”，标志着农地使用权的合法流转得到法律保障。

该阶段（见表 2-1）中国农地流转和适度规模经营制度不仅经历了农地从禁止流转到允许流转的变迁，而且农地流转活动也经历了从无偿向有偿的转变，从单一转让方式向多种转让方式的转变（吴光芸等，2019）。1984~1986 年，中央只允许承包农地转包行为，对于农村土地的转让、出租等其他流转形式，在政策和法律中仍然是明确禁止的。通过 1988 年《中华人民共和国宪法修正案》和《中华人民共和国土地管理法》（1988 年修正）修订，承认了农地流转的合法地位，“出租”流转形式也得到法律上的默许，土地的使用权可以依法转让。同时，在部分地区出现了因地制宜的具有特色和优势的农地适度规模经营模式，实施初期都产生了积极的效果，形成了我国土地流转的基本模式。1984~1992 年，是形成以农地流转促进适度规模经营相关政策及法律法规基础的开始阶段。

表 2-1　农地流转和适度规模经营政策开始阶段的主要政策与法律法规（1984~1988 年）

政策与法律法规	农地流转和适度规模经营相关主要内容	影响和意义
1984 年 1 月《关于一九八四年农村工作的通知》	● 延长了土地承包期，一般应在 15 年以上 ● 鼓励土地逐步向种田能手集中 ● 可以经集体同意，由社员自找对象协商转包	◆ 农村土地承包经营权的稳定化 ◆ 形成了农地流转和适度规模经营制度的基础
1986 年 1 月《关于一九八六年农村工作的部署》	● 鼓励耕地向种田能手集中，发展适度规模的种植专业户	◆ 首次出现了适度规模的表述 ◆ 土地适度规模经营问题正式出现
1987 年 1 月《把农村改革引向深入》	● 在京、津、沪郊区，苏南地区和珠江三角洲，可分别选择一两个县，有计划地兴办具有适度规模的家庭农场或合作农场，也可以组织其他形式的专业承包，以便探索土地集约经营的经验	◆ 中央首次明确提出在有条件的地方有计划地探索土地适度规模经营 ◆ 通过典型地区的实际操作，形成了我国农地流转的基本模式
1988 年 4 月《中华人民共和国宪法修正案》	● 土地的使用权可以依照法律的规定转让	◆ 农地使用权的合法流转得到法律保障
1988 年 12 月发布《中华人民共和国土地管理法》（1988 年修正），自 1987 年 1 月 1 日起施行	● 国有土地和集体所有的土地的使用权可以依法转让	

资料来源：根据相关政策文件整理。

二、农地流转和适度规模经营制度的确立阶段（1993~2001 年）

通过家庭承包经营，可以实现农民自主经营，极大地激发了农民的生产积极性，农业生产量大幅度提高。但承包期为 15 年的第一轮土地承包即将到期，因此要以农地流转促进适度规模经营，要抓紧制定确保农村土地承包关系长期稳定的法律法规，赋予农民长期而有保障的土地使用权，并需要农地流转和适度规模经营相关的政策及法律法规的支持和保护。

承包期为 15 年的第一轮土地承包从 20 世纪 90 年代中期开始到期结束，推进农地流动化进程适度。要实现经营规模扩大，需要更长期稳定的承包期。

1993 年 11 月，中共中央、国务院发布了《关于当前农业和农村经济发展的若干政策措施》，明确指出为了鼓励农民增加投入，提高土地的生产率，在原定的耕地承包期到期之后，再延长 30 年不变。而且，为避免承包耕地的频繁变动，防止耕地经营规模不断被细分，提倡在承包期内实行“增人不增地、减人不减地”的办法。在坚持土地集体所有和不改变土地用途的前提下，经发包方同意，允许土地的使用权依法有偿转让。少数第二、第三产业比较发达，大部分劳动力转向非农产业并有稳定收入的地方，可以从实际出发，尊重农民的意愿，对承包土地作必要的调整，实行适度的规模经营。此文件明确了承包期，避免承包耕地的频繁变动和防止耕地经营规模不断被细分，稳定、完善以家庭联产承包为主的责任制和统分结合的双层经营体制。

1995 年，国务院批转农业部《关于稳定和完善土地承包关系的意见》的通知，指出农村集体土地承包经营权的流转，是家庭联产承包责任制的延续和发展，应纳入农业承包合同管理的范围。在坚持土地集体所有和不改变土地农业用途的前提下，经发包方同意，允许承包方在承包期内，对承包标的依法转包、转让、互换、入股，其合法权益受法律保护，但严禁擅自将耕地转为非耕地。土地承包经营权流转的形式、经济补偿，应由双方协商，签订书面合同，并报发包方和农业承包合同管理机关备案。在承包经营权转让时，必须保护实际耕地者的权益，各地要制定土地承包经营权转让费最高限额。该意见建立土地承包经营权流转机制，丰富了土地流转的模式，首次明确中央对土地流转与适度规模经营的关系。

1998 年发布的《中华人民共和国土地管理法》(1998 年修订)，规定土地承包经营期限为 30 年，土地使用权可以依法转让，使用土地的单位和个人必须严格按照土地利用总体规划确定的用途使用土地，农民集体所有的土地，可以由本集体经济组织以外的单位或者个人承包经营等内容。此次修订发布后，农民的土地承包经营权受法律保护，国家实行土地用途管制制度，突破了集体经济组织成员限制，可以向村外流转土地。

2001 年，中共中央发布了《关于做好农户承包地使用权流转工作的通知》，强调在稳定家庭承包经营制度的基础上，允许土地使用权合理流转，是农业发展的客观要求，也符合党的一贯政策。对土地流转的主体、必须坚持的前提和原则、企事业单位和城镇居民租赁农户承包地、对农户承包地使用权流转工作的领导等进行了严格规定，并明确规定由乡镇政府或村级组织出面租赁农户的承包地再进行转租或发包的“反租倒包”，不符合家庭承包经营制度，应予制止。中共中央第一次关于承包地使用权流转发布的文件，农地流转开始进入规范化发展轨道。

该阶段（见表 2-2）是从被动允许农地流转的角色逐渐转变为主动引导的角色，使得该时期的农地流转呈现出强制性的特征（吴光芸等，2019），并在政策规范土地流转的过程中，逐步将土地适度规模经营予以确认和定位，要把农地承包经营权的流转作为基础，对我国人地关系实际国情和土地适度规模经营实质进行科学判断（韩学平，2010），不断进行探索。1993~

2001 年，是形成以农地流转促进适度规模经营相关政策及法律法规基础的确立阶段。

表 2–2　农地流转和适度规模经营政策确立阶段的主要政策与法律法规（1993~2001 年）

政策与法律法规	农地流转和适度规模经营相关主要内容	影响和意义
1993 年 11 月《关于当前农业和农村经济发展的若干政策措施》	● 在原定的耕地承包期到期之后，再延长 30 年不变 ● 在承包期内实行“增人不增地、减人不减地”的办法 ● 在坚持土地集体所有和不改变土地用途的前提下，经发包方同意，允许土地的使用权依法有偿转让 ● 对承包土地作必要的调整，实行适度的规模经营	◆ 农村土地承包经营权的进一步稳定化 ◆ 避免承包耕地的频繁变动，防止耕地经营规模不断被细分
1995 年 3 月国务院批转农业部《关于稳定和完善土地承包关系的意见》的通知	● 在坚持土地集体所有和不改变土地农业用途的前提下，经发包方同意，允许承包方在承包期内，对承包标的依法转包、转让、互换、入股，其合法权益受法律保护 ● 有条件的地方，在充分尊重农民意愿的基础上，可以采取多种形式，适时加以引导，发展农业适度规模经营	◆ 建立土地承包经营权流转机制 ◆ 首次明确中央对土地流转与适度规模经营的关系
1998 年 8 月发布《中华人民共和国土地管理法》(1998 年修订)，自 1999 年 1 月 1 日起施行	● 法律规定土地承包经营期限为 30 年 ● 土地使用权可以依法转让 ● 使用土地的单位和个人必须严格按照土地利用总体规划确定的用途使用土地 ● 农民集体所有的土地，可以由本集体经济组织以外的单位或者个人承包经营	◆ 农民的土地承包经营权受法律保护 ◆ 国家实行土地用途管制制度 ◆ 突破了集体经济组织成员限制，可以向村外流转土地
2001 年 12 月《关于做好农户承包地使用权流转工作的通知》	● 对土地流转的主体、必须坚持的前提和原则、企事业单位和城镇居民租赁农户承包地、对农户承包地使用权流转工作的领导等进行了严格规定 ● 明确规定由乡镇政府或村级组织出面租赁农户的承包地再进行转租或发包的“反租倒包”，不符合家庭承包经营制度，应予制止	◆ 中共中央第一次关于承包地使用权流转发布的文件 ◆ 农地流转开始进入规范化发展轨道

资料来源：根据相关政策文件整理。

三、农地流转和适度规模经营制度的规范阶段（2002~2012 年）

经过农地流转的多年探索，我国越来越重视农地流转的法制建设，同时规模经营问题成为与农地流转及利用直接相关的重点。

2002 年 8 月 29 日，中华人民共和国第九届全国人民代表大会常务委员会第二十九次会议通过了《中华人民共和国农村土地承包法》，自 2003 年 3 月 1 日起施行。在第五节土地承包经营权的流转第三十二条规定通过家庭承包取得的土地承包经营权可以依法采取转包、出租、互换、转让或者其他方式流转，并且进一步以法律文本的形式对土地流转的主体、原则、方式和其他需要注意事项作了具体规定与说明。为中国农地流转的实践、市场建立和发展提供了明确的理论指导和法律依据。此后，农地流转的政策或法律文件都以“承包经营权流转”一词代替先前的“使用权流转”（吴光芸，2019）。

2005 年，公布了《农村土地承包经营权流转管理办法》，这是为规范农村土地承包经营权流转行为，维护流转双方当事人合法权益，促进农业和农村经济发展，根据《农村土地承包法》及有关规定制定的一部规章制度。农村土地承包经营权中依法形成的流转关系应当受到保护。在第二章流转当事人第九条明确规定农村土地承包经营权流转的受让方可以是承包农户，也可以是其他按有关法律及有关规定允许从事农业生产经营的组织和个人，这是当时国家有关土地流转政策的一个重大变化，放开了对土地流入主体的身份限制，允许村民把土地流转给其他新型经营主体，为土地向从事农业规模经营的个人和组织集中提供了条件（史常亮，2018）。《农村土地承包经营权流转管理办法》的公布对农村土地承包经营权流转给予了较全面的规范。

2007 年 3 月，全国人民代表大会发布《中华人民共和国物权法》，确认了承包经营权的用益物权属性，保证承包经营人享有合法、自由的处分权利，对农民的承包经营权赋予排他的权利，进一步加强了承包经营权的长期性和稳定性。并且规定，承包地被征收的，土地承包经营权人有权依照本法第四十二条第二款的规定获得相应补偿，这对土地承包经营权人的利益提供了法律上的基础。《中华人民共和国物权法》的实施提高了土地流转的成效，为土地适度规模经营法律制度的形成奠定了一定基础。

2007 年 10 月，《中国共产党第十七次全国代表大会报告》中指出，坚持农村基本经营制度，稳定和完善土地承包关系，按照依法自愿有偿原则，健全土地承包经营权流转市场，有条件的地方可以发展多种形式的适度规模经营。可以看出，以农地流转为基础，农地利用向着土地适度规模经营的最终目标发展（韩学平，2010）。

2008 年 10 月，党的十七届三中全会通过的《中共中央关于推进农村改革发展若干重大问题的决定》具有划时代的意义。提出了继续稳定和完善农村基本经营制度，现有土地承包关系要保持稳定并长久不变。而且，加强土地承包经营权流转管理和服务，建立健全土地承包经营权流转市场，按照依法自愿有偿原则，允许农民以转包、出租、互换、转让、股份合作等形式流转土地承包经营权，发展多种形式的适度规模经营。有条件的地方可以发展专业大户、家庭农场、农民专业合作社等规模经营主体。该文件中不仅加强了农民对农地的权利，而且确立了农村土地制度改革的市场化方向，与过去强调农户自愿流转不同，这次对土地流转市场体系建设提出了更高要求，可推动土地适度规模经营法制体系的完善。

2009 年中央一号文件《关于 2009 年促进农业稳定发展农民持续增收的若干意见》中提出建立健全土地承包经营权流转市

场，鼓励有条件的地方发展流转服务组织；2010年中央一号文件《关于加大统筹城乡发展力度进一步夯实农业农村发展基础的若干意见》中提出加快构建农村土地承包经营纠纷调解仲裁体系；2012年中央一号文件《关于加快推进农业科技创新持续增强农产品供给保障能力的若干意见》中提出健全土地承包经营纠纷调解仲裁制度。这些文件的发布，为土地流转的市场化奠定了基础。

该阶段（见表2-3）针对农地流转陆续出台了相应的政策与法律法规，规范引导农地合法流转，推动了农地流转的有序发展。2008年10月《中共中央关于推进农村改革发展若干重大问题的决定》的意义重大，快速推进农地流转。以这个《决定》为起点，又可以划分为“法制化”（2002~2008年）和“法制化+政策支持”（2008~2012年）阶段。“法制化”阶段规范流转主体行为、明确权利义务关系，促进农地流转的有序实现，并为农地适度规模经营法律制度的形成奠定了基础。“法制化+政策支持”阶段重视了土地承包经营权流转市场的规范，强调农地适度规模经营以规范的土地承包经营权流转市场作为平台，为土地流转进入市场化奠定了良好基础。2002~2012年这一阶段，主要以加强对农地流转市场管理与服务和健全农地流转机制为目标，是形成以农地流转促进适度规模经营相关政策及法律法规基础的规范阶段。

表2-3　农地流转和适度规模经营政策规范阶段的主要政策与法律法规（2002~2012年）

政策与法律法规	农地流转和适度规模经营相关主要内容	影响和意义
2002年8月《中华人民共和国农村土地承包法》，自2003年3月1日起施行	● 通过家庭承包取得的土地承包经营权可以依法采取转包、出租、互换、转让或者其他方式流转 ● 进一步以法律文本的形式对土地流转的主体、原则、方式和其他需要注意事项作了具体规定与说明	◆ 为中国农地流转的实践提供了明确的理论指导和法律依据

续表

政策与法律法规	农地流转和适度规模经营相关主要内容	影响和意义
2005年1月公布《农村土地承包经营权流转管理办法》，自2005年3月1日起施行	● 流转当事人、流转方式、流转合同、流转管理作出了比已有法规更为全面、详细、明确的规定 ● 农村土地承包经营权流转的受让方可以是承包农户，也可以是其他按有关法律及有关规定允许从事农业生产经营的组织和个人	◆ 放开了对土地流入主体的身份限制 ◆ 对农村土地承包经营权流转给予较全面规范
2007年3月全国人民代表大会发布《中华人民共和国物权法》，自2007年10月1日起施行	● 确认了承包经营权的用益物权属性，保证承包经营人享有合法、自由的处分权利	◆ 对农民的承包经营权赋予排他的权利 ◆ 对土地承包经营权人的相应补偿提供法律依据 ◆ 提高土地流转的成效，为土地适度规模经营法律制度的形成奠定了一定基础
2007年10月《中国共产党第十七次全国代表大会报告》	● 坚持农村基本经营制度，稳定和完善土地承包关系，按照依法自愿有偿原则，健全土地承包经营权流转市场，有条件的地方可以发展多种形式的适度规模经营	◆ 以土地流转为基础，农地利用向着土地适度规模经营的最终目标发展
2008年10月《中共中央关于推进农村改革发展若干重大问题的决定》	● 稳定和完善农村基本经营制度，现有土地承包关系要保持稳定并长久不变 ● 健全严格规范的农村土地管理制度，加强土地承包经营权流转管理和服务，建立健全土地承包经营权流转市场	◆ 加强了农民对农地的权利 ◆ 确立农村土地制度改革的市场化方向 ◆ 推动土地适度规模经营法制体系的完善
2009年一号文件《关于2009年促进农业稳定发展农民持续增收的若干意见》	● 建立健全土地承包经营权流转市场，鼓励有条件的地方发展流转服务组织，为流转双方提供信息沟通、法规咨询、价格评估、合同签订、纠纷调处等服务	◆ 为土地流转的市场化奠定了良好基础
2010年一号文件《关于加大统筹城乡发展力度进一步夯实农业农村发展基础的若干意见》	● 严格执行农村土地承包经营纠纷调解仲裁法，加快构建农村土地承包经营纠纷调解仲裁体系	
2012年一号文件《关于加快推进农业科技创新持续增强农产品供给保障能力的若干意见》	● 按照依法自愿有偿原则，引导土地承包经营权流转，发展多种形式的适度规模经营，促进农业生产经营模式创新 ● 加强土地承包经营权流转管理和服务，健全土地承包经营纠纷调解仲裁制度	

资料来源：根据相关政策文件整理。

四、农地流转和适度规模经营制度的创新阶段（2013年至今）

经过农地流转促进适度规模经营相关政策及法律法规基础的规范，加快了农地流转速度和农业规模经营的发展。适度规模经营是发展现代农业的一个趋势，也是农地流转的主要目的，而“大国小农”是我国的基本国情农情下实现适度规模经营并不具备土地资源的条件，因此，需要农地流转和适度规模经营制度的持续创新改进。

2013年，中央一号文件《关于加快发展现代农业进一步增强农村发展活力的若干意见》中提出：鼓励和支持承包土地向专业大户、家庭农场、农民合作社流转；探索建立严格的工商企业租赁农户承包耕地（林地、草原）准入和监管制度；规范土地流转程序，逐步健全县乡村三级服务网络；全面开展农村土地确权登记颁证工作。可以看出，本书关注经营体制机制的创新，“家庭农场”首次在一号文件中出现，改革创新添活力，并且强化农地流转的配套服务和政策支持，农地流转进入了市场化的阶段。

2013年11月，中国共产党第十八届中央委员会第三次全体会议通过了《中共中央关于全面深化改革若干重大问题的决定》，对农地流转有了创新性的改革思路和举措。提出加快构建新型农业经营体系，主要内容为推进家庭经营、集体经营、合作经营、企业经营等共同发展的农业经营方式创新；赋予农民对承包地占有、使用、收益、流转及承包经营权抵押、担保权能，允许农民以承包经营权入股发展农业产业化经营；鼓励承包经营权在公开市场上向专业大户、家庭农场、农民合作社、农业企业流转，发展多种形式规模经营。可以看出，中国农地流转政策开始步入一种全新的局面，拓展了土地承包经营权的权能，农地制度改革的市场化方向得到正式认可，指明了土地流转的未来方向（史常亮，2018）。

2014 年，中央一号文件《关于全面深化农村改革加快推进农业现代化的若干意见》中提出赋予农民对承包地占有、使用、收益、流转及承包经营权抵押、担保权能，进一步拓展了土地承包经营权的权能；在落实农村土地集体所有权的基础上，稳定农户承包权、放活土地经营权，允许承包土地的经营权向金融机构抵押融资，将土地经营权从承包经营权中分离出来，将土地承包经营权进一步划分为承包权和经营权，落实所有权、稳定承包权、放活经营权，承包地所有权、承包权、经营权“三权分置”正式提上农村土地制度和产权法治建设层面。

2014 年 11 月，中共中央办公厅、国务院办公厅印发了《关于引导农村土地经营权有序流转发展农业适度规模经营的意见》，提出坚持农村土地集体所有，实现所有权、承包权、经营权“三权分置”，引导土地经营权有序流转，鼓励创新土地流转和规模经营方式，积极培育新型经营主体，发展多种形式的适度规模经营。该文件是专门规范土地经营权流转的第一个正式文件，为引导农村土地（指承包耕地）经营权有序流转、发展农业适度规模经营提供了有力保障。

2015 年 1 月，国务院办公厅发布了《关于引导农村产权流转交易市场健康发展的意见》，鼓励各地探索符合农村产权流转交易实际需要的多种市场形式，既要搞好交易所式的市场建设，也要有效利用电子交易网络平台，鼓励有条件的地方整合各类流转服务平台，建立提供综合服务的市场。该文件的发布规范了流转交易行为和完善服务功能，为做好农村产权流转交易市场建设工作奠定了基础。

2015年，中央一号文件《关于加大改革创新力度加快农业现代化建设的若干意见》中强调了要加快构建新型农业经营体系，坚持和完善农村基本经营制度，坚持农民家庭经营主体地位，引导土地经营权规范有序流转，创新土地流转和规模经营方式，积极发展多种形式适度规模经营，提高农民组织化程度。

2015年4月，中央农办、国土资源部、农业部和国家工商总局联合印发了《关于工商资本租赁农地监管和风险防范的意见》，该文件是按照中共中央、国务院《关于加大改革创新力度加快农业现代化建设的若干意见》（中发〔2015〕1号）和中共中央办公厅、国务院办公厅《关于引导农村土地经营权有序流转发展农业适度规模经营的意见》（中办发〔2014〕61号）要求，对工商资本下乡进一步明确了三个鼓励、限制范围、禁止界，对工商资本租赁农地提出了三项风险防范措施，对工商资本租赁农地提出了三项监管措施。加强对工商资本（指工商业者投入的资本）租赁农地（指农户承包耕地）监管和风险防范及引导农村土地经营权健康有序流转。

2015年8月，国务院印发了《关于开展农村承包土地的经营权和农民住房财产权抵押贷款试点的指导意见》，指出要以落实农村土地的用益物权、赋予农民更多财产权利为出发点，深化农村金融改革创新，稳妥有序开展"两权"抵押贷款业务，有效盘活农村资源、资金、资产，增加农业生产中长期和规模化经营的资金投入。该文件的印发推进了农村承包土地（指耕地）的经营权抵押贷款试点工作，同时为稳步推进农村土地制度改革提供了经验和模式。

2015 年 11 月，中共中央办公厅、国务院办公厅印发了《深化农村改革综合性实施方案》，提出深化农村土地承包经营制度改革，引导农村集体所有的荒山、荒沟、荒丘、荒滩使用权有序流转，明确集体经济组织市场主体地位，建立符合实际需求的农村产权流转交易市场，保障农村产权依法自愿公开公正有序交易，在农村耕地实行所有权、承包权、经营权“三权分置”的基础上，按照依法自愿有偿原则，引导农民以多种方式流转承包土地的经营权。该文件的印发建立符合实际需求的农村产权流转交易市场，保障农村产权依法自愿公开公正有序流转。

2016 年 3 月，中国人民银行、中国银监会、中国保监会、财政部、农业部等联合印发了《农村承包土地的经营权抵押贷款试点暂行办法》，规定：农村承包土地的经营权抵押贷款试点坚持不改变土地公有制性质、不突破耕地红线、不损害农民利益、不层层下达规模指标；通过家庭承包方式依法取得土地承包经营权和通过合法流转方式获得承包土地的经营权的农户及农业经营主体（以下简称“借款人”），均可按程序向银行业金融机构申请农村承包土地的经营权抵押贷款。该文件的印发有利于实现依法稳妥规范推进农村承包土地的经营权抵押贷款试点，加大金融对“三农”的有效支持，保护借贷当事人合法权益。

2016 年 10 月，中共中央办公厅、国务院办公厅印发并实施《关于完善农村土地所有权承包权经营权分置办法的意见》，指出不断探索农村土地集体所有制的有效实现形式，落实集体所有权，稳定农户承包权，放活土地经营权，充分发挥“三权”的各自功能和整体效用，形成层次分明、结构合理、平等保护的格局。该文件明晰土地产权关系，完善农村土地所有权、承包权、经营权“三权分置”办法，对“三权分置”作出系统全面的制度安排，厘清了承包农户、新型经营主体双方在承包地上的权利，可以有效地避免和化解流转中产生的纠纷，有利于促进土地资源合理利用，构建新型农业经营体系，发展多种形式适度规模经营，提高土地产出率、劳动生产率和资源利用率，推动现代农业发展，确保农业的健康发展和农村的社会稳定。

2017年，中央一号文件《中共中央、国务院关于深入推进农业供给侧结构性改革加快培育农业农村发展新动能的若干意见》中强调：大力培育新型农业经营主体和服务主体，通过经营权流转、股份合作、代耕代种、土地托管等多种方式，加快发展土地流转型、服务带动型等多种形式规模经营；深入推进承包土地的经营权抵押贷款试点，探索开展大型农机具、农业生产设施抵押贷款业务；落实农村土地集体所有权、农户承包权、土地经营权“三权分置”办法；等等。该文件进一步强调积极发展适度规模经营，进一步强调加快农村金融创新，深化农村集体产权制度改革，深入推进农业供给侧结构性改革，加快培育农业农村发展新动能。

2018年，中央一号文件《关于实施乡村振兴战略的意见》是为了实施乡村振兴战略而制定的法规。该文件中强调：全面完成土地承包经营权确权登记颁证工作，实现承包土地信息联通共享；农村承包土地经营权可以依法向金融机构融资担保、入股从事农业产业化经营；实施新型农业经营主体培育工程，培育发展家庭农场、合作社、龙头企业、社会化服务组织和农业产业化联合体，发展多种形式适度规模经营。该文件巩固和完善了农村基本经营制度，完善了农村承包地“三权分置”制度，拓展了土地承包经营权的权能。

2018 年 12 月，农业农村部、国家发展改革委等六部门联合发布了《关于开展土地经营权入股发展农业产业化经营试点的指导意见》，指出土地经营权入股的形式可以为农户的土地经营权直接对公司和农民专业合作社出资，也可以先出资设立农民专业合作社，再由农民专业合作社以土地经营权出资设立公司；明确以土地经营权入股公司，注册资本实行认缴登记制；探索建立公司、农民专业合作社与农户特别是贫困户的紧密利益联结机制。该文件鼓励地方创新土地经营权入股的实现形式，指明了创新方式，解决了土地股份组织登记问题，将土地经营权入股发展农业产业化经营与脱贫攻坚结合起来。

2018 年 12 月 29 日，第十三届全国人大常委会第七次会议审议通过了关于修改《中华人民共和国农村土地承包法》的决定，新修改的法律从 2019 年 1 月 1 日起施行。文件规定：承包方承包土地后，享有土地承包经营权，可以自己经营，也可以保留土地承包权，流转其承包地的土地经营权，由他人经营；土地经营权流转期限为五年以上的，当事人可以向登记机构申请土地经营权登记，未经登记，不得对抗善意第三人；承包方不得单方解除土地经营权流转合同；承包方可以用承包地的土地经营权向金融机构融资担保，并向发包方备案，受让方通过流转取得的土地经营权，经承包方书面同意并向发包方备案，可以向金融机构融资担保；承包方可以采用入股的方式流转土地经营权。可以看出该文件明确“三权分置”，明确了土地经营权可以融资担保，明确了承包经营权的入股权能，规定土地经营权的登记。该文件把被实践检验行之有效的农村土地承包政策及实践中的成功经验转化为国家法律规范，“三权分置”制度保持土地承包关系稳定并长久不变，第二轮土地承包到期后再延长

30 年，主要解决农业适度规模经营、集约化经营及发展现代农业问题。

2019 年 11 月,《中共中央、国务院关于保持土地承包关系稳定并长久不变的意见》由中共中央、国务院发布实施。该文件明确了长久不变的政策内涵，归纳起来是“两不变，一稳定”，即保持土地集体所有、家庭承包经营的基本制度长久不变，保持农户依法承包集体土地的基本权利长久不变，保持农户承包地稳定，巩固和完善家庭承包经营制度的基本方向，明确了保持土地承包关系长期稳定的基本原则，充分保障农民的土地承包权益，既有利于确保农业经营者流转土地预期稳定，又有利于促进农村土地流转，发展适度规模经营。该文件是关于农村土地政策的重大宣示。

该阶段（见表 2-4）规范引导农地合法流转的基础上，贯彻落实全面深化改革的战略部署，提出了创新性的指导。建立农村土地“三权分置”制度，开展农村土地承包经营权确权登记颁证，实现了农民集体、承包农户、新型农业经营主体对土地权利的共享，引导土地经营权流转、发展多种形式适度规模经营奠定了制度基础；推进了土地流转、入股、合作以及生产托管等多种形式适度规模经营有序发展，家庭农场、合作社、龙头企业、农业社会化服务组织等新型农业经营主体蓬勃发展；建立健全农村土地产权流转交易制度，做好农村产权流转交易市场建设工作，赋予农民对承包地占有、使用、收益、流转及承包经营权抵押、担保权能，允许农民以承包经营权入股发展农业产业化经营。2013 年以来，是不断探索和丰富农地流转和适度规模经营制度的持续创新改进阶段。

表 2–4 农地流转和适度规模经营政策创新阶段的主要政策与法律法规（2013 年至今）

政策与法律法规	农地流转和适度规模经营相关主要内容	影响和意义
2013 年中央一号文件《关于加快发展现代农业进一步增强农村发展活力的若干意见》	● 鼓励和支持承包土地向专业大户、家庭农场、农民合作社流转 ● 探索建立严格的工商企业租赁农户承包耕地（林地、草原）准入和监管制度 ● 规范土地流转程序，逐步健全县乡村三级服务网络 ● 提出全面开展农村土地确权登记颁证工作	◆ 关注经营体制机制的创新，“家庭农场”也首次在一号文件中出现 ◆ 强化农地流转的配套服务和政策支持 ◆ 农地流转进入了市场化的阶段
2013 年 11 月《中共中央关于全面深化改革若干重大问题的决定》	● 推进家庭经营、集体经营、合作经营、企业经营等共同发展的农业经营方式创新 ● 赋予农民对承包地占有、使用、收益、流转及承包经营权抵押、担保权能，允许农民以承包经营权入股发展农业产业化经营 ● 鼓励承包经营权在公开市场上向专业大户、家庭农场、农民合作社、农业企业流转，发展多种形式规模经营	◆ 中国农地流转政策开始步入一种全新的局面 ◆ 拓展了土地承包经营权的权能 ◆ 农地制度改革的市场化方向得到正式认可 ◆ 指明了土地流转的未来方向
2014 年中央一号文件《关于全面深化农村改革加快推进农业现代化的若干意见》	● 赋予农民对承包地占有、使用、收益、流转及承包经营权抵押、担保权能 ● 在落实农村土地集体所有权的基础上，稳定农户承包权、放活土地经营权，允许承包土地的经营权向金融机构抵押融资	◆ 进一步拓展了土地承包经营权的权能 ◆ 将土地经营权从承包经营权中分离出来，将土地承包经营权进一步划分为承包权和经营权，使承包地所有权、承包权、经营权“三权分置”
2014 年 11 月《关于引导农村土地经营权有序流转发展农业适度规模经营的意见》	● 坚持农村土地集体所有，实现所有权、承包权、经营权“三权分置”，引导土地经营权有序流转，鼓励创新土地流转和规模经营方式，积极培育新型经营主体，发展多种形式的适度规模经营	◆ 专门规范土地经营权流转的第一个正式文件 ◆ 为引导农村土地（指承包耕地）经营权有序流转、发展农业适度规模经营
2015 年 1 月《关于引导农村产权流转交易市场健康发展的意见》	● 鼓励各地探索符合农村产权流转交易实际需要的多种市场形式，既要搞好交易所式的市场建设，也要有效利用电子交易网络平台 ● 鼓励有条件的地方整合各类流转服务平台，建立提供综合服务的市场	◆ 规范流转交易行为和完善服务功能 ◆ 为做好农村产权流转交易市场建设工作奠定基础
2015 年 2 月《关于加大改革创新力度加快农业现代化建设的若干意见》	● 坚持和完善农村基本经营制度，坚持农民家庭经营主体地位，引导土地经营权规范有序流转，创新土地流转和规模经营方式，积极发展多种形式适度规模经营，提高农民组织化程度	◆ 强调要加快构建新型农业经营体系

续表

政策与法律法规	农地流转和适度规模经营相关主要内容	影响和意义
2015 年 4 月《关于加强对工商资本租赁农地监管和风险防范的意见》	● 对工商资本下乡进一步明确了三个鼓励、限制范围、禁止界限 ● 对工商资本租赁农地提出了三项风险防范措施 ● 对工商资本租赁农地提出了三项监管措施	◆ 加强对工商资本（指工商业者投入的资本）租赁农地（指农户承包耕地）监管和风险防范 ◆ 引导农村土地经营权健康有序流转
2015 年 8 月《关于开展农村承包土地的经营权和农民住房财产权抵押贷款试点的指导意见》	● 指出要以落实农村土地的用益物权、赋予农民更多财产权利为出发点 ● 深化农村金融改革创新，稳妥有序开展“两权”抵押贷款业务 ● 有效盘活农村资源、资金、资产 ● 增加农业生产中长期和规模化经营的资金投入	◆ 推进农村承包土地（指耕地）的经营权抵押贷款试点工作 ◆ 为稳步推进农村土地制度改革提供经验和模式
2015 年 11 月《深化农村改革综合性实施方案》	● 提出深化农村土地承包经营制度改革，引导农村集体所有的荒山、荒沟、荒丘、荒滩使用权有序流转 ● 明确集体经济组织市场主体地位 ● 建立符合实际需求的农村产权流转交易市场，保障农村产权依法自愿公开公正有序交易 ● 在农村耕地实行所有权、承包权、经营权“三权分置”的基础上，按照依法自愿有偿原则，引导农民以多种方式流转承包土地的经营权	◆ 建立符合实际需求的农村产权流转交易市场 ◆ 保障农村产权依法自愿公开公正有序流转
2016 年 3 月《农村承包土地的经营权抵押贷款试点暂行办法》	● 农村承包土地的经营权抵押贷款试点坚持不改变土地公有制性质、不突破耕地红线、不损害农民利益、不层层下达规模指标 ● 通过家庭承包方式依法取得土地承包经营权和通过合法流转方式获得承包土地的经营权的农户及农业经营主体（以下简称“借款人”），均可按程序向银行业金融机构申请农村承包土地的经营权抵押贷款	◆ 依法稳妥规范推进农村承包土地的经营权抵押贷款试点 ◆ 加大金融对“三农”的有效支持 ◆ 保护借贷当事人合法权益
2016 年 10 月《关于完善农村土地所有权承包权经营权分置办法的意见》	● 不断探索农村土地集体所有制的有效实现形式，落实集体所有权，稳定农户承包权，放活土地经营权，充分发挥“三权”的各自功能和整体效用，形成层次分明、结构合理、平等保护的格局	◆ 明晰土地产权关系 ◆ 完善农村土地所有权、承包权、经营权“三权分置”办法
2017 年中央一号文件《中共中央、国务院关于深入推进农业供给侧结构性改革加快培育农业农村发展新动能的若干意见》	● 大力培育新型农业经营主体和服务主体，通过经营权流转、股份合作、代耕代种、土地托管等多种方式，加快发展土地流转型、服务带动型等多种形式规模经营 ● 深入推进承包土地的经营权抵押贷款试点，探索开展大型农机具、农业生产设施抵押贷款业务 ● 落实农村土地集体所有权、农户承包权、土地经营权“三权分置”办法	◆ 进一步强调积极发展适度规模经营 ◆ 进一步强调加快农村金融创新 ◆ 深化农村集体产权制度改革

续表

政策与法律法规	农地流转和适度规模经营相关主要内容	影响和意义
2018 年中央一号文件《关于实施乡村振兴战略的意见》	● 全面完成土地承包经营权确权登记颁证工作，实现承包土地信息联通共享 ● 农村承包土地经营权可以依法向金融机构融资担保、入股从事农业产业化经营 ● 实施新型农业经营主体培育工程，培育发展家庭农场、合作社、龙头企业、社会化服务组织和农业产业化联合体，发展多种形式适度规模经营	◆ 巩固和完善农村基本经营制度 ◆ 完善农村承包地“三权分置”制度 ◆ 拓展了土地承包经营权的权能
2018 年 12 月《关于开展土地经营权入股发展农业产业化经营试点的指导意见》	● 土地经营权入股的形式可以为农户的土地经营权直接对公司和农民专业合作社出资，也可以先出资设立农民专业合作社，再由农民专业合作社以土地经营权出资设立公司 ● 明确以土地经营权入股公司，注册资本实行认缴登记制 ● 探索建立公司、农民专业合作社与农户特别是贫困户的紧密利益联结机制	◆ 鼓励地方创新土地经营权入股的实现形式，指明了创新方式 ◆ 解决土地股份组织登记问题 ◆ 将土地经营权入股发展农业产业化经营与脱贫攻坚结合起来
2018 年 12 月《关于修改〈中华人民共和国农村土地承包法〉的决定》，自 2019 年 1 月 1 日起施行	● 承包方承包土地后，享有土地承包经营权，可以自己经营，也可以保留土地承包权，流转其承包地的土地经营权，由他人经营 ● 土地经营权流转期限为五年以上的，当事人可以向登记机构申请土地经营权登记，未经登记，不得对抗善意第三人；规定承包方不得单方解除土地经营权流转合同 ● 承包方可以用承包地的土地经营权向金融机构融资担保，并向发包方备案；受让方通过流转取得的土地经营权，经承包方书面同意并向发包方备案，可以向金融机构融资担保 ● 承包方可以采用入股的方式流转土地经营权的规定	◆ 明确“三权分置” ◆ 明确了土地经营权可以融资担保 ◆ 明确了承包经营权的入股权能 ◆ 规定土地经营权的登记
2019 年 11 月《中共中央、国务院关于保持土地承包关系稳定并长久不变的意见》	●“两不变，一稳定”	◆ 明确了巩固和完善家庭承包经营制度的基本方向 ◆ 明确了保持土地承包关系长期稳定的基本原则

资料来源：根据相关政策文件整理。

第二节　延边州的专业农场

据延边州农委的资料显示，延边州户均耕地面积为 1.6 公顷，大约为全国的 3 倍，与其他地区相比，有利于实现适度规模经营。但是，延边州各县市的户均耕地面积也有很大的差距。根据 2011 年的统计数据的推测，本书主要调查地——图们市的户均耕地面积为 1.1 公顷/户。

长期以来，延边州的农地流转面积占家庭承包经营耕地面积的比重高于全国。根据延边州农委农经站的统计资料，延边州农地流转面积占家庭承包经营耕地面积的比重，2011 年已突破了 30%，2012 年大约为 40%，是全国平均水平的 2 倍（见图 2-1），并且一直领先于全国平均水平。延边州的农村普遍出现了“劳力荒”，大部分朝鲜族农村青年远赴韩国打工，汉族青壮年农民进城务工，农地流转早已开始自发进行，甚至有不少非

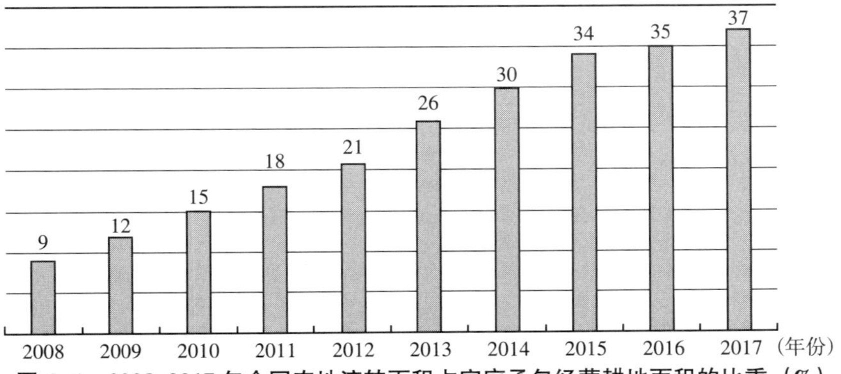

图 2-1　2008~2017 年全国农地流转面积占家庭承包经营耕地面积的比重（%）

资料来源：由历年《中国农村统计年鉴》、农业部经管司农村土地承包经营管理数据整理而来。

本地农民来延边州大面积包地种植。

在此背景下，2008年，吉林延边州委、州政府出台《关于推进农村改革发展的实施意见》，首提“提倡多途径探索，推进土地流转，鼓励创办多元化专业农场”的发展思路，开始了专业农场试点工作；2009年，延边州人民政府出台《关于发展专业农场促进土地流转推动城乡一体化试点工作的指导意见》；2011年，延边州委、州政府出台《关于发展专业农场促进土地流转加快推进城镇化的若干意见》；2013年，延边朝鲜族自治州第十四届人民代表大会通过《延边朝鲜族自治州促进专业农场发展条例》①，为加快延边州专业农场发展加强了政策扶持。全州积极培育规模经营主体，大力发展专业农场，促进农村土地流转，全州依法注册的专业农场数为2011年199家、2012年451家、2013年687家、2014年845家、2015年1137家，呈逐年增长趋势。2015年成立了延边专业农场协会②。

根据《中共延边州委州人民政府关于发展专业农场促进土地

---

①《延边朝鲜族自治州促进专业农场发展条例》（以下简称《条例》）于2012年12月24日延边朝鲜族自治州第十四届人民代表大会第一次会议通过，2013年5月30日吉林省第十二届人民代表大会常务委员会第二次会议批准，2013年6月18日延边朝鲜族自治州第十四届人民代表大会常务委员会公告第3号公布，自公布之日起施行。在2019年7月30日延边朝鲜族自治州第十五届人民代表大会常务委员会第二十次会议中作出关于废止《延边朝鲜族自治州促进专业农场发展条例》的说明，指出州人民政府《条例》的公布施行，对促进延边州土地流转，加快培育新型农业经营主体，构建延边州现代农业经营体系发挥了积极作用。然而在施行过程中，也暴露出《条例》明确的经营主体与国家现行的新型农业经营主体不一致，导致国家和省的惠农政策难以落实等问题。农业与农村委员会经过研究论证认为，《条例》中的部分条款已不适应现实需要。并且，目前国家和省扶持发展家庭农场、合作社等新型农业经营主体的优惠政策已十分全面，且力度逐年加大，基本可以满足延边州新型农业经营主体的发展需求。继续保留《条例》已无必要。为维护国家法制统一，推进依法行政，根据国家有关清理和废止不适用的法律法规的相关规定，农业与农村委员会建议废止《延边朝鲜族自治州促进专业农场发展条例》。

② 延边专业农场（家庭农场）协会由专业农场以及与专业农场相关的企事业单位和有关人员组成，旨在开展自律管理，搞好专业农场服务、指导和规范工作，业务范围包括编制行业发展规划、行业自律管理、维护会员合法权益等内容。

流转加快推进城镇化的若干意见》，专业农场是农村种田大户或合伙人或城乡法人或自然人，通过承租农民自愿流转的承包田创办的土地集中经营的组织形式。专业农场的类型[①]包括：个体工商户专业农场、个人独资企业专业农场、合伙企业专业农场、公司专业农场，以及其他企业法人的专业农场。它是在农村改革与农业发展实践中涌现出的新型农业生产经营组织，是农业规模化、集约化、产业化经营的有效形式。

专业农场资格认定标准十分严格，大致有以下几条：①土地流转以双方自愿为原则，并依法签订土地流转合同；②专业农场经营规模为：水田、蔬菜和经济作物30公顷以上、旱田50公顷以上，土地经营相对集中连片；③土地流转时间达到10年以上（包括10年）；④投入规模：投入总额（包括土地流转费、农机具投入等）要达到50万元以上；⑤有符合创办专业农场发展的规划或章程。

从上述内容可以看出，延边州专业农场的认定条件不同于全国农业部对家庭农场的认定条件，是基于当地实际而量身定做的新型农业生产经营组织，在专业农场发展过程中面临的大难题是资金不足。因此，在扶持专业农场发展过程中，重点出台专业农场可享受的优惠政策（见表2-5），主要包括专用贷款贴息、国家惠农政策、农机购置补贴、土地承租费保险、加大资金支持力度、税收优惠政策、土地使用权的赋权、创新贷款模式、县乡干部联系人制度等方面。并且，在鼓励和引导农民流转土地进城方面也出台了固化农民利益和农民进城定居配套

① 根据延边州农经站提供的资料，专业农场经营类型可分为农民个人创办、非农创办、农民合伙创办、企业创办、合作社转型或领办五种类型。

两项政策。这些优惠政策鼓励发展专业农场，促进土地流转，开展多种形式适度规模经营。

表 2-5　延边州专业农场可享受的优惠政策

专用贷款贴息	● 州、县财政对专业农场贷款各贴息 30% ● 在 2011~2014 年试点期内，对经营水田、蔬菜和经济作物 50 公顷以上、旱田 100 公顷以上专业农场贷款贴息由政府补贴 60%，州和县各承担 30%
国家惠农政策	● 注册登记的专业农场可享受各项国家农业财政补贴政策（含农机具购置补贴、钢骨架储粮仓补贴等），不受身份和户籍限制
农机购置补贴	● 对水田、蔬菜和经济作物种植面积 50 公顷以上、旱田 100 公顷以上专业农场，在原一次性 3 台套农机具购置补贴标准基础上，扩大到可以一次性享受 5 台套农机具购置补贴
农作物保险保费给予补贴	● 在原农作物政策性保险的基础上，又增加了专业农场土地承租费保险，相应提高保险金额和保费标准；在原农作物政策性保险基础上，对专业农场提高了保险保额，即每公顷保额水田增加 3000 元，旱田增加 2000 元，分别为水稻 7000 元/公顷、玉米 5000 元/公顷、大豆 4500 元/公顷；保费分别为水稻 560 元/亩、玉米 500 元/亩、大豆 360 元/亩；专业农场保险在原政策性农作物保险保费不变基础上，保费增加部分由州、县（市）财政、专业农场按 1：1：1 比例承担 ● 2011~2014 年，州、县财政共为专业农场政策性保险增加补贴资金 1261 万元
加大资金支持力度	● 捆绑使用政策性支农资金，采取以奖代补、项目扶持等形式，重点向专业农场倾斜 ● 2011 年，延边全州使用政策性支农资金 467.4 万元重点向专业农场倾斜，直接收益的专业农场有 23 家，其中，获得国家和省农民专业合作社扶持资金的专业农场有 17 家，获得其他项目扶持的专业农场有 6 家；2012 年延边州用省政府给予的 1200 万元资金，对 77 个专业农场进行了项目扶持
税收优惠政策	● 专业农场销售自产农产品免征增值税 ● 从事农林牧渔业项目所得，免征、减免企业所得税 ● 建设直接为农业生产服务的生产设施而占用农村集体林地、牧业用地、农田水利用地、养殖水面以及渔业水域滩涂等农用地的，免征耕地占用税 ● 直接用于农、林、牧业的生产用地（不包括农副产品加工场地和生活办公用地）免缴城镇土地使用税
土地使用权的赋权	● 专业农场经县（市）城乡规划、国土、建设等部门许可，可以使用集体建设用地、晾晒场、农机具仓库等生产经营用临时建筑物
创新贷款模式	● 2011 年创新了农村土地经营权他项权证抵押贷款，利用土地经营权他项权证为专业农场提供贷款 ● 2012 年创新了“县市农业局+银行+担保公司”联合推荐担保贷款新产品 ● 2013 年以来，在各县市成立了物权融资公司，开辟了农村土地收益保证贷款 ● 2011~2014 年，延边州金融机构利用抵押贷款、信用贷款、直补保贷款、他项权证贷款、担保贷款、农村土地收益保证贷款等，共为专业农场解决贷款资金 3 亿多元

续表

县乡干部联系人制度	● 联系人主要帮助专业农场争取项目（如土地整理、高标准农场建设等项目），帮助衔接贷款（如指导农场用他项权证贷款），帮助研究种植结构调整（如提供市场信息），帮助普及和推广农业科学技术（如推广测土施肥、种子包衣、大垄双行、掐尖等技术），帮助研究加工和仓储问题（如联系统筹牵头仓库建设），帮助解决卖难问题（如发布市场信息、联系外地买家、开展品牌经营），监控专业农场的经营风险（如专业农场是否参加了农作物保险），维护土地流转农户的利益（如专业农场是否按时足额支付土地流转费用）

资料来源：根据 2011~2014 年实际调查时 Y 镇政府提供的资料及 Y 镇政府相关部门工作人员的访问调查整理。

第三章

农地流转的状况与课题

——以 Y 镇 M 村和 Q 村农户调查为例

第一节 调查概要

为深入了解延边州农地流转的状况与课题，2011 年 4 月、2011 年 9 月、2013 年 4 月[①]，我们在图们市 Y 镇的 M 村和 Q 村对合计 108 户农户实施了访问调查。调查农户的选定是由各村民小组的队长从整理的转出农户、转入农户、自作农户的名单中选择出能进行访问调查的农户作为调查对象。最终选择出 M 村 65 户（转出农户为 20 户、转入农户为 30 户、自作农户为 15 户）、Q 村 43 户（转出农户为 8 户、转入农户为 20 户、自作农户为 15 户）。此外，关于 Y 镇的 M 村和 Q 村的基本概况，参考

① 2011 年 4 月及 2011 年 9 月著者亲自调查；2013 年 4 月，为进一步了解“延边地区农地流转的状况与课题”，委托延边大学农林经济管理系金成哲副教授，在图们市对 Y 镇 M 村和 Q 村的 108 户农户（原则上对 2011 年调查过的农户进行再次调查）实施了针对每个农户进行一对一问答方式的访问调查，其结果在农地流转影响因素及农户意愿上与 2011 年著者亲自调查时相比，除个别选择项以外几乎没有变化，因此本著作根据 2011 年的调查数据进行分析。

了村长、村会计和各村民小组长的记录。

第二节　M 村和 Q 村的基本概况

延边朝鲜族自治州图们市 Y 镇位于中朝边境线的区域，距离图们市中心有 10 千米，全镇面积为 238.65 平方千米，总户数为 3567 户，总人口数为 10298 人。耕地面积为 2225 公顷，其中水田面积 467 公顷，旱田面积 1759 公顷（2011 年）。

M 村和 Q 村是朝鲜族比例很高的典型的朝鲜族村，尤其是 M 村的朝鲜族占比达到了约 100%。如表 3-1 所示，M 村的耕地面积是 270 公顷，其中水田面积是 170 公顷，旱田面积是 100 公顷，Q 村的耕地面积是 246 公顷，其中，水田面积是 52 公顷，旱田面积是 194 公顷，相当于每户的平均耕地面积是 M 村 0.98 公顷，Q 村 1.64 公顷。

表 3-1　Y 镇 M 村与 Q 村的概况（2011 年 6 月）

村名	农家数（户）	人口（人）	耕地面积（公顷）			平均耕地面积（公顷/户）		
				水田	旱田		水田	旱田
M	274	855	270	170	100	0.98	0.62	0.36
Q	111	468	246	52	194	1.64	0.42	1.22

资料来源：根据 M 村和 Q 村村委会资料及村干部访问调查整理。

第三节　M 村和 Q 村的农地流转状况

一、调查农户的状况

调查农户的状况是根据对转出、转入以及自作三种不同立场农户进行调查数据计算得到的平均数。

表 3-2　三种不同立场农户的状况比较

调查项目＼农户类型	M 村			Q 村		
	转出	转入	自作	转出	转入	自作
	(n=20)	(n=30)	(n=15)	(n=8)	(n=20)	(n=15)
年龄①	52.0	55.3	56.2	52.3	58.2	57.3
家族人数	3.20	3.27	2.87	4.00	3.05	3.07
男	1.50	1.67	1.33	2.13	1.35	1.73
女	1.70	1.60	1.54	1.87	1.70	1.34
劳动力②	2.45	2.97	1.73	3.25	2.50	2.20
从属人口（被抚养人口）	0.75	0.30	1.14	0.75	0.55	0.87
从事生产经营活动人员③	2.45	3.20	2.87	3.25	2.70	2.60
农业从事人员	0.00	1.53	1.67	0.00	1.65	1.67
非农业从事人员④	2.45	1.67	1.20	3.25	1.05	0.93
其他⑤	0.75	0.07	0.00	0.75	0.35	0.47
平均承包地面积（公顷）	0.78	0.93	0.98	1.70	1.47	1.66
平均流转面积（公顷）	0.78	4.37	0.00	1.70	4.48	0.00
平均经营面积（公顷）	0.00	5.29	0.98	0.00	5.95	1.66
平均总收入（元）	75550	74430	36476	97188	76135	37774

续表

调查项目＼农户类型	M村			Q村		
	转出	转入	自作	转出	转入	自作
	(n=20)	(n=30)	(n=15)	(n=8)	(n=20)	(n=15)
农业收入⑥	0	49553	10193	0	41150	14087
非农收入	75550	24877	26283	97188	34985	23687
人均总收入	23609	22762	12710	24297	24962	12305
农业收入	0	15154	3552	0	13492	4589
非农收入	23609	7608	9158	24297	11470	7716
农业收入（元/公顷）	0	9637	10401	0	6916	8486

注：①年龄为调查农户户主的平均年龄。

②中国现阶段劳动年龄人口年龄界限男子16~60岁，女子16~55岁，但为了计算方便，并结合当地实情，本表中的劳动力部分，男女统一规定为16~60周岁，此年龄段以外的人员都计算在从属人口（被抚养人口）中。

③两个村转入农户和自作农户从事生产经营活动人员的平均年龄大于劳动力的平均年龄。其原因是超过60周岁依然从事生产经营活动，这类两个村加起来共12户。

④表示外出务工人员和在本地从事非农业产业的人员。

⑤表示从属人口（被抚养人口）和待业劳动力。

⑥水田的农业生产成本为5000~6000元/公顷，旱田的农业生产成本为3000~4000元/公顷。农业生产成本中包括转入农地流转费、种子、肥料、农药、机械费、人力成本、其他相关费用等，但家族人力成本没计入农业生产成本中。

资料来源：根据转出、转入以及自作三种不同立场农户调查整理。

如表3-2所示，无论是M村还是Q村，各村在这三种不同立场农户的承包农地面积上没有太大的差别。从户主的平均年龄来看，两个村子都是转出农户的年龄最小，这类农户大多数转出农地后赴韩打工。在农业从事人员数上，两个村子都是以转出农户、转入农户、自作农户的顺序增多，而非农业从事人员的数量则与之相反，转出农户的数量最多。从平均总收入情况来看，两个村子都是转出农户最高，转入农户其次，自作农户最低，即M村分别为75550元、74430元、36476元，Q村分别为97188元、76135元、37774元。从农业收入来看，两个村的转入农户收入远高于自作农户，M村各为49553元和10193

元，高出近 4 倍，Q 村各为 41150 元和 14087 元，高出近 2 倍，可以看出发展农地规模经营的现实必要性和意义。从农业收入的数据上可以看出，M 村的转入农户和 Q 村相比，即使经营规模小，农业从事人员少，但农业收入水平高，其原因是 M 村的生产经营以收入较高的水田耕作为主，而 Q 村以旱田耕作为主。每公顷平均农业收入分别是，M 村的转入农户是 9637 元/公顷，自作农户是 10401 元/公顷，Q 村的转入农户是 6912 元/公顷，自作农户是 8486 元/公顷，可见和转入农户相比，自作农户每公顷平均农业收入更高。转出农户将农地经营权全部流转出去，但由于在该地区缺乏农业之外的就业机会，加上因朝鲜族的特殊性，很多农户会选择在韩国或国内外地的韩国相关企业就业，因此，平均总收入高于转入农户和自作农户。

二、调查农户的农地流转状况

如表 3-3 所示，2008~2011 年，在 M 村和 Q 村的农地流转程度很高。2011 年，在 M 村转出农户为 218 户，占全村承包户的 80%，转出面积达 210 公顷，占总耕地面积的 78%。在 Q 村转出农户为 71 户，占全村承包户的 65%，转出面积达 115 公顷，占总耕地面积的 63%。通过对村干部的访问调查得知，原则上农地流转的手续需要转出入农户双方和村民小组三者之间签订合同，并且在合同上规定农地种类、面积、使用期限、农地流转价格及转出和转入农户双方的义务等内容。每年年末转入农户向转出农户支付农地流转费用。但是，当地的农户之间以相互信赖为基础，农地流转过程中普遍采取双方之间口头协议，并没有签订书面合同。

表 3–3 M 村和 Q 村转出农地农户数和转出农地面积

项目 / 年度	M 村				Q 村[①]			
	转出农户（户）	比重[②]（%）	转出面积（公顷）	比重[③]（%）	转出农户（户）	比重[②]（%）	转出面积（公顷）	比重[③]
2008	175	64	170	63	60	55	100	55
2009	195	71	190	70	65	59	107	59
2010	210	77	205	76	70	64	115	63
2011	218	80	210	78	71	65	115	63

注：①2003 年 Q 村第 1 小组 30 户的农地 65 公顷（水田 5.5 公顷，旱田 59.5 公顷）转出给 1 户，建立黄牛基地。因此，计算 Q 村的比重时，户数总数为 111–1=110（户），耕地面积总数为 246–65=181（公顷）。

②转出农户在全村承包户中所占的比例。

③转出农地面积在全村耕地面积中所占的比例。

资料来源：根据 M 村和 Q 村村委会资料及村干部访问调查整理。

自 2004 年起，国务院开始实行减征或免征农业税，吉林省、黑龙江省等 8 个省份全部或部分免征了农业税，2006 年 1 月 1 日起，我国全面取消农业税，农业税已成为历史。2004 年之前，在 M 村和 Q 村农地流转价格大约是 500 元/公顷，价格较低，而从我国全面取消农业税的 2006 年开始农地流转价格逐步增加，截至 2011 年农地流转价格已高涨到水田 5000~5500 元/公顷，旱田 3700~4000 元/公顷[①]。

① 据村干部的访谈调查，由于实行了农业补贴政策（主要包括种粮农民直接补贴、农资综合补贴、良种补贴和农机具购置补贴，简称为“四补贴”），农地流转价格迅速上涨。2011 年，M 村和 Q 村农家发放的补贴为水田约 2500 元/公顷、旱田约 1700 元/公顷，除去补贴，实际水田农地流转价格为 2500~3000 元/公顷、旱田农地流转价格为 2000~2300 元/公顷。与 2004 年的 500 元/公顷相比，农地流转价格上涨了 3~5 倍。农地流转价格上涨的原因除了政策转换之外，还有农产品价格高涨及外出务工国家（主要是韩国）货币的贬值等。

表 3–4　转出农户的农地流转状况

项目			M 村（n=20）		Q 村（n=8）	
			农家数（户）	面积（公顷）	农家数（户）	面积（公顷）
	合计		20	15.67	8	13.56
方式	转包		17	13.24	7	12.3
	出租		3	2.43	1	1.26
相手	村民小组内农户		17	13.24	7	12.3
		亲戚、朋友	15	11.62	5	9.67
	村民小组外农户		3	2.43	1	1.26
		外来户①	3	2.43	1	1.26
期间	1 年		17	13.24	8	13.56
	2~5 年		3	2.43	0	0

注：①在该村没有承包地的农户。

资料来源：根据 M 村和 Q 村转出农户访问调查整理。

如表 3–4 所示，农地流转是以转包和出租①两种方式进行的，其农户数分别为 M 村转包 17 户，出租 3 户，Q 村转包 7 户，出租 1 户。农地转出的对象大多数为一个村民小组的亲戚或者朋友，而转出给外来户等村民小组以外村民的较少。据调查，以出租形式转出农地的 4 户农户无法找到能进行农业生产经营的亲戚或者朋友，只能转出给外来户。转包时基本为口头协议，合同期限多数为 1 年。出租时为书面协议，M 村 2~5 年的合同对象是外来户，并签订了 5 年的农地流转合同协议书。随着国家对农业的补助和优惠政策实施，农民对农地产权的意识不断提高，农地流转价格也不断高涨，因此，转出农户不愿意签订长期合同，愿意签订 1 年短期合同。

① 第二章已做说明。转包和出租的不同点在于转包时接包方必须是同一集体经济组织的其他农户，出租时承租方的身份不需要局限于同一集体经济组织的其他农户。

表 3-5　转入农户的农地流转状况（M 村：30，Q 村：20）

		1 公顷以下	1~5 公顷	5~10 公顷	10 公顷及以上	合计
M 村	转包	1	19	6	2	28
	村民小组内亲戚、朋友	1	17	6	2	26
	村民小组内农户	—	6	—	2	8
	出租[①]	—	1	—	4	5
	村内农户	—	1	—	2	3
	村外农户	—	—	—	2	2
Q 村	转包	—	14	4	—	18
	村民小组内亲戚、朋友	—	13	4	—	17
	村民小组内农户	—	2	4	—	6
	出租[①]	—	—	3	2	5
	村内农户	—	—	3	—	3
	村外农户	—	—	—	2	2

注：①此表里与外来户相关的农地转入均计入出租项里。基于村外农户的出租只限于外来户。还有，转入农户从 1 户以上的农户转入农地，因此转入农户数不同于总合计数。

资料来源：根据 M 村和 Q 村转入农户访问调查整理。

如表 3-5 所示，两个村转入农户的户均农地经营面积都集中在 1~5 公顷这个范围。农地转入村民小组内亲戚和朋友之间的转包居多，随着规模的扩大，也会出现从村民小组以外的农户以出租方式转入农地的情况。

第四节　M 村和 Q 村农户对农地流转的意识

本书从转出农户、转入农户、自作农户之间不同的意识之差，明确了促进和限制农地流转的主要因素。

表 3-6　转出农户转出农地的促进因素（多项选择）

促进因素	M 村（n=20）	Q 村（n=8）
1. 农业生产成本高	20（100.0%）	8（100.0%）
2. 外出务工收入高	16（80.0%）	8（100.0%）
3. 手续相对简单（口头合同等）	16（80.0%）	5（62.5%）
4. 失去从事农业的意愿	14（70.0%）	3（37.5%）
5. 年龄和健康状况等个人能力有限	10（50.0%）	4（50.0%）
6. 农业经营收入低，不稳定	9（45.0%）	6（75.0%）
7. 农地分散	3（15.0%）	1（12.5%）
8. 子女教育问题搬到城市	1（5.0%）	—
9. 其他	—	—

资料来源：根据 M 村和 Q 村转出农户访问调查整理。

如表 3-6 所示，M 村和 Q 村转出农户转出农地的主要促进因素为“农业生产成本高”“外出务工高收入”“手续相对简单（口头合同等）”等。对“失去从事农业的意愿”，M 村占 70%，而 Q 村只占 37.5%，这是因为平均承包地面积 M 村为 0.78 公顷，Q 村为 1.70 公顷（详见表 3-2），M 村只有 Q 村的 46%，所以在 M 村要进行自作经营其规模过于小，要转入农地，所涉及的农户多且农地分散，因此，在这一项 M 村的选择比重远高于 Q 村。对“农业经营收入低，不稳定”这一项，M 村只占 45%，

表 3-7　转入农户转入农地的促进因素（多项选择）

促进因素	M 村（n=30）	Q 村（n=20）
1. 大规模化生产可以增加收入	30（100.0%）	20（100.0%）
2. 农产品价格稳定及上升趋势	28（93.3%）	18（90.0%）
3. 支农惠农政策的推行	25（83.3%）	17（85.0%）
4. 从事农业生产的意愿强烈	17（56.7%）	11（55.0%）
5. 手续相对简单（口头合同等）	15（50.0%）	11（55.0%）
6. 其他	—	—

资料来源：根据 M 村和 Q 村转入农户访问调查整理。

而Q村占75%，M村的选择比重远低于Q村，这是因为M村的生产经营以收入较高的水田耕作为主，而Q村以旱田耕作为主。

如表3-7所示，M村和Q村转入农户转入农地的主要促进因素为“大规模化生产可以增加收入”“农产品价格稳定及上升趋势”“支农惠农政策的推行”等，M村分别占100.0%、93.3%、83.3%，Q村分别占100.0%、90.0%、85.0%。“从事农业生产的意愿强烈”和“手续相对简单（口头合同等）”也起到了一定的作用，均达到超过50%。

表3-8　自作农户转出农地的制约因素（多项选择）

制约因素	M村（n=15）	Q村（n=15）
1. 耕作经营收入大于农地流转价格	15（100.0%）	15（100.0%）
2. 没有其他收入来源	10（66.7%）	12（80.0%）
3. 手续相对复杂（书面合同等）	4（26.7%）	6（40.0%）
4. 只愿意短期转出农地，不愿意长期转出农地	3（20.0%）	2（13.3%）
5. 担忧养老，突发急事	2（13.3%）	3（20.0%）
6. 因农地转用引起的农地价格上升	2（13.3%）	1（6.7%）
7. 对农地承包权的保护意识强烈	1（6.7%）	1（6.7%）
8. 农地流转价格低	1（6.7%）	1（6.7%）
9. 其他	—	—

资料来源：根据M村和Q村自作农户访问调查整理。

如表3-8所示，M村和Q村自作农户转出农地的主要制约因素为“耕作经营收入大于农地流转价格”“没有其他收入来源”等，M村分别占100.0%、66.7%，Q村分别占100.0%、80.0%。尤其是“耕作经营收入大于农地流转价格”的选择比重是100%，与转出农户认为的“农业生产成本高”（见表3-6）意识具有很大差距。

表 3-9　自作农户转入农地的制约因素（多项选择）

制约因素	M 村（n=15）	Q 村（n=15）
1. 农业生产成本高	15（100.0%）	15（100.0%）
2. 劳动力和资金不足	15（100.0%）	15（100.0%）
3. 农地流转价格高	13（86.7%）	12（80.0%）
4. 年龄和健康状况等个人能力有限	10（66.7%）	12（80.0%）
5. 考虑外出务工	8（53.3%）	13（86.7%）
6. 手续相对复杂（书面合同等）	3（20.0%）	4（26.7%）
7. 农业经营收入低，不稳定	3（20.0%）	3（20.0%）
8. 失去从事农业的意愿	3（20.0%）	3（20.0%）
9. 农地分散	3（20.0%）	2（13.3%）
10. 其他	—	—

资料来源：根据 M 村和 Q 村自作农户访问调查整理。

如表 3-9 所示，M 村和 Q 村自作农户转入农地的主要制约因素为“农业生产成本高”和“劳动力和资金不足”，两个村的选择比重都是 100%。可以看出，自作农户转入农地时考虑的是如何解决农业生产经营资金问题和农业生产成本高而农业收入低的问题。要想转入农地，资金投入是必不可缺少的，而且经营大面积的农地，在农忙时节必须借助于机器或者是雇用人力，进一步加重了农业生产的成本。此外，“农地流转价格高”“年龄和健康状况等个人能力有限”“考虑外出务工”等方面的选择比重也较高，M 村分别占 86.7%、66.7%、53.3%，Q 村分别占 80.0%、80.0%、86.7%。由于两个村所处的环境和条件的差异，在“考虑外出务工”的选择比重上存在较大差异。

将表 3-6~表 3-9 归纳总结出图 3-1。转出农户、转入农户以及自作农户三种不同立场农户对农地的转出和转入的意识有很大差异。转出农户更重视外出务工的高收入，认为外出务工收入高于农业收入，并且外出务工收入效率高、更稳定；转入农户则是以大规模的农业生产为目标，希望以此获得更高的收入，加上支农惠农政策对农业经营提供良好条件。转出农户和转入农户的意识，具有互补性，促进了农地流转。自作农户在转出时的立场认为“耕作经营收入大于农地流转价格”，所以短期内不想转出自己承包地，但在转入的立场时又以“农业生产成本高”“劳动力和资金不足”“农地流转价格高”“考虑外出务工”等为由，不想扩大农业规模，持有矛盾的意识。

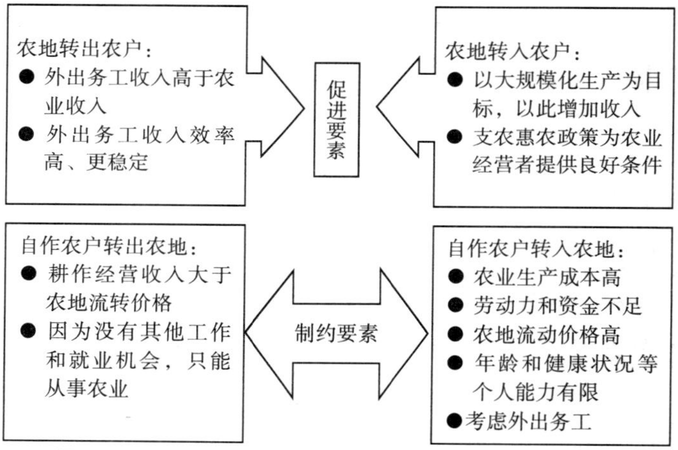

图 3–1　三种不同立场农户对农地的转出和转入的意识

第五节　农户对农地流转的意愿

一、转出农户与自作农户转入农地的意愿

如表 3–10 所示，M 村和 Q 村都呈现出 60 岁以下的农户比 60 岁以上的农户有更强的农地转入意愿。自作农户中有农地转入意愿的比重，M 村的为 73.3%、Q 村为 40.0%，M 村明显高于 Q 村。这是由于以水田为主的 M 村的单位面积生产经营收入高于以旱田为主的 Q 村，加上 M 村的农户和 Q 村相比对外出务工的关心度不高。

表 3–10　转出农户与自作农户对转入农地的意愿

	对象	提问内容 / 比较基准	农地转入意愿	
			有	无
M 村	转出农户（n=20）	60 岁以下（n=15）	4	11
		60 岁以上（n=5）	—	5
	自作农户（n=15）	60 岁以下（n=9）	9	—
		60 岁以上（n=6）	2	4
Q 村	转出农户（n=8）	60 岁以下（n=6）	3	3
		60 岁以上（n=2）	—	2
	自作农户（n=15）	60 岁以下（n=11）	5	6
		60 岁以上（n=4）	1	3

资料来源：根据 M 村和 Q 村转出农户、自作农户访问调查整理。

二、转入农户与自作农户转出农地的意愿

表 3-11　转入农户与自作农户转出农地的意愿（多项选择）

对象		提问内容 / 比较基准	农地转出意愿：有：有其他工作	有：农地流转价格上升	有：丧失耕作能力	无
M 村	转入农户（n=28）	60 岁以下（n=24）	16	—	24	—
		60 岁以上（n=4）	2	3	4	—
	自作农户（n=15）	60 岁以下（n=9）	9	1	9	—
		60 岁以上（n=6）	—	4	6	—
Q 村	转入农户（n=18）	60 岁以下（n=13）	5	4	13	—
		60 岁以上（n=5）	3	1	5	—
	自作农户（n=15）	60 岁以下（n=11）	8	1	11	—
		60 岁以上（n=4）	—	4	4	—

注：转入农户中外来户除外。
资料来源：根据 M 村和 Q 村转入农户、自作农户访问调查整理。

如表 3-11 所示，M 村和 Q 村的所有转入农户与自作农户全部表示如果丧失耕作能力时有转出农地的意愿。60 岁以下自作农户中，M 村 100%和 Q 村 73%表示有其他工作时有转出农地的意愿，为农地流转的进一步发展提供潜在空间。结合表 3-10 和表 3-11 可知，M 村 60 岁以下自作农户对农地的转出和转入都有很强的意愿，持有矛盾的意识，说明这些自作农户是影响农地流转的变数。

如表 3-12 所示，以 5 公顷经营规模为基准，专门针对转入农户进行农地转出意愿和农业经营中的担心点调查。农地面积 5 公顷以下的转入农户中，M 村 90.0%和 Q 村 57.1%表示“有其

表 3–12　转入农户的转出农地意愿（经营规模为基准，多项选择）

对象	提问内容 \ 比较基准	农地转出意愿				农业经营中的担心点		
		有			无	自然灾害	农地流转价格上升	人力成本上升
		有其他工作	农地流转价格上升	丧失耕作能力				
M 村 (n=28)	5 公顷以下（n=20）	18	3	20	—	20	8	1
	5 公顷以上（n=8）	—	—	8	—	8	8	8
Q 村 (n=18)	5 公顷以下（n=14）	8	5	14	—	14	8	2
	5 公顷以上（n=4）	—	—	4	—	4	4	4

注：转入农户中外来户除外。

资料来源：根据 M 村和 Q 村转入农户访问调查整理。

他工作”时有转出农地的意愿，可以看出，这些农户即使有从事农业生产经营的能力，但也有外出务工的打算，存在将农地转出的可能。相比之下，农地面积为 5 公顷以上的转入农户全部表示不会因为“有其他工作”“农地流转价格上升”把农地流转出去。可以看出，这些农户在具备从事农业生产能力的期间没有将农地转出的意愿。另外，在农业经营中的担心点的问题上，全部的农户都担心自然灾害。尤其是耕地面积 5 公顷以上的转入农户还要担心农地流转价格、人力费用等农业经营成本费用上升的问题。因为农地流转费用为按当年的农地流转价格一年一付，近年来农地流转价格持续增加；随着经济发展，人力成本也不断上涨，从而降低农业生产经营收入。

第六节 小 结

本章以图们市 Y 镇的 M 村和 Q 村为例，分析了农地流转的状况，并对根据转出农户、转入农户、自作农户三种不同立场农户的访问调查，对农地流转的意识和意愿进行了比较，得出以下结论：

第一，从农户对农地流转的意识上看，转出农户更重视外出务工的高收入，所以把农地转出给其他农户；转入农户更重视通过经营规模的扩大而增加的收入，所以转入其他农户的农地。可以看出，转出农户和转入农户双方的具体情况和不同的意识，是促进农地流转的重要因素。自作农户不转出农地的制约因素是，认为耕作经营收入大于农地流转价格，再加上因没有其他工作和就业机会，只能从事农业生产经营。自作农户不转入农地的制约因素是，认为农业生产成本高，劳动力和资金不足，农地流转价格高，年龄和健康状况等个人能力有限，考虑外出务工，等等。自作农户对于农地的转出和转入持有矛盾的意识，根据情况的变化可能转为转出农户或转入农户。

第二，转入农户转出农地意愿上，农地面积 5 公顷以上的农户在具备从事农业生产能力的期间没有将农地转出的意愿，但若丧失耕作能力时可能转化成为转出农户。农地面积 5 公顷以下的农户由于“有其他工作”和“农地流转价格上升”等原因，即使有从事农业生产经营的能力，也有外出务工的打算，持有转出农地的意愿，再加上由于农业收入相对不高以及高龄化等问题，这些转入农户有可能转化成为转出农户。

通过分析可以看出，该地区的农地流转存在不稳定性，因此，要维持稳定的农地流转状态，应以稳定性较强的组织为依托开展农地流转。

第四章

专业农场的状况与课题

——以 Y 镇专业农场经营者意识调查为例

第一节　调查概要

延边州专业农场是立于当地实际而量身定做的新型农业生产经营组织。从 2008 年开始，延边州委、州政府就对“发展专业农场，促进土地流转，推进城镇化”的农村工作思路进行了探索和尝试，并于 2011 年全面开展了专业农场建设工作。

表 4-1　延边州各县市专业农场基本状况（2011 年 12 月）

	耕地面积（公顷）	专业农场数	专业农场总数中的比重（%）	乡镇数	各乡镇平均专业农场数
图们市	9031	31	15.6	4	7.8
延吉市	17602	11	5.5	4	2.8
龙井市	26990	30	15.1	7	4.3
和龙市	29069	25	12.6	8	3.1
珲春市	30799	30	15.1	9	3.3
安图县	32705	26	13.1	9	2.9

续表

	耕地面积（公顷）	专业农场数	专业农场总数中的比重（%）	乡镇数	各乡镇平均专业农场数
汪清县	49304	38	19.1	9	4.2
敦化市	164613	8	4	16	0.5
合计	360113	199	100	66	3

资料来源：根据延边州农经站提供数据整理。

表 4-1 是延边州各县市的专业农场基本情况。2011 年，延边州委、州政府出台了《关于发展专业农场促进土地流转加快推进城镇化的若干意见》，其主要目的是借助专业农场这个载体，让更多的农民从土地中解放出来，从事二三产业。自 2011 年起，我国开始全面发展专业农场，已步入快速发展阶段。从表 4-1 中可以看出，2011 年，图们市、龙井市、珲春市、汪清县的专业农场总数中的比重较高，分别为 15.6%、15.1%、15.1%、19.1%。与耕地面积相比，图们市的专业农场数量较多。延边州各乡镇平均专业农场数为 3 家，而图们市为 7.8 家，是延边州平均水平的 2.6 倍。尤其是，Y 镇设立了 15 家[①] 专业农场，约是图们市平均水平的 2 倍，延边州平均水平的 5 倍。2010 年，图们市被州政府列为加快土地流转、发展专业农场先行试点市，图们市把 Y 镇定为专业农场试点镇。

① 请参考第 30 页脚注①解释。

表 4–2　已认定并工商注册的专业农场基本情况（2014 年 6 月）

县市	已认定并注册的专业农场个数	经营规模及类型															
		总面积(公顷)	其中流转面积		流转户数	主要种植项目及面积（公顷）				农地流转费用支付方式				专业农场经营类型			
			家庭承包	非家庭承包		旱田	水田	蔬菜	经济作物	一年一付	三至五年一付	十年一次性交付	农民个人创办	非农创办	农民合伙创办	企业创办	合作社转型或领办
延吉市	25	2296	1979	317	1987	1837	145	186.6	127.7	24	—	1	13	3	5	1	3
图们市	73	4686	4328	248	2955	3571	875.8	165.1	74	54	3	16	37	21	—	3	12
敦化市	214	15816	4925	6080	2293	13936	952.6	166.5	760.6	214	—	—	125	15	70	4	—
龙井市	148	9463	6125	2643	2561	7813	1419	—	231.3	111	8	29	135	—	13	—	—
和龙市	88	5494	3915	1403	1994	3995	1467	32	—	68	2	18	64	2	17	2	3
珲春市	126	10324	5621	3474	3245	6047	3162	111.7	1003	121	1	4	73	5	17	4	27
汪清县	94	8475	5602	1828	2755	6441	1223	170	641.1	63	7	24	49	5	31	1	8
安图县	145	8549	1684	5311	1616	7326	595	258.5	370.8	57	6	82	56	14	72	3	0
合计	913	65101	34180	21304	19406	50965	9839	1090	3208	712	27	174	552	65	225	18	53
个数合计	913					698	153	18	44								

资料来源：根据延边州农经站提供数据整理。

如表 4-2 所示，截至 2014 年 6 月，全州专业农场已发展到 913 家，专业农场经营土地面积达 65101 公顷，专业农场平均经营土地面积为 71.3 公顷，其中流转面积为 55484 公顷，占专业农场总规模的 85%，家庭承包流转面积为 34180 公顷，占专业农场总规模的 52.5%，覆盖流转农户 19406 家。旱田、水田、蔬菜、经济作物是主要种植项目，面积分别达到 50965 公顷、9839 公顷、1090 公顷、3208 公顷，专业农场数分别为 698 家、153 家、18 家、44 家。农地流转费用支付方式方面，大部分农场选择一年一付方式。专业农场经营类型主要有农民个人创办、非农创办、农民合伙创办、企业创办、合作社转型或领办五大类，专业农场数各为 552 家、65 家、225 家、18 家、53 家。

为深入了解延边州专业农场的状况与课题，2012 年 1~2 月，笔者对图们市 Y 镇 14 家专业农场经营者进行访问调查，具体分析专业农场的状况、经营者成立专业农场的目的及经营意识等，并在此基础上探讨了专业农场在扩大经营规模过程中面临的问题。

第二节　Y 镇专业农场状况

一、专业农场的基本状况

Y 镇位于图们市中南部 10 千米处，隶属吉林省延边朝鲜族自治州图们市。全镇幅员面积 238.65 平方千米，现辖 14 个行政村和 1 个社区。耕地面积 2262 公顷，其中，水田面积 467 公顷、旱田 1759 公顷。2012 年调查时总户数为 3567 户，总人口为 10298 人，2017 年常住人口只有 2301 人。

如表 4-3 所示，专业农场经营类型主要分合作社转型或领办和农民个人创办两种，各有 5 家和 9 家。从经营规模来看，30~50 公顷为 3 家，50~100 公顷为 6 家，100 公顷以上为 5 家。经营耕地面积不足 50 公顷的专业农场全部设立在 J 村。农场经营者中村干部和普通农户各为 7 家，其中 100 公顷以上规模的 5 家专业农场中，农场经营者为村干部的有 4 家，村干部的比例远远高于普通农户。专业农场加入农户数为 1060 户，占全镇总户数的约 30%。Y 镇专业农场的经营面积合计为 1137.5 公顷（SC 专业农场除外），占 Y 镇耕地面积的 51.1%，其中水田 363.0 公顷，旱田 774.5 公顷，各占 Y 镇水田和旱田总面积的 77.7%和 44.0%。除个别的专业农场外，大部分专业农场主要种植水稻、玉米和大豆。

农地转入方式大部分采取了转包和出租方式。两者的不同点在于，转包方式要求接包方必须是同一集体经济组织的其他农户，出租方式不要求承租方的身份必须局限于同一集体经济组织的其他农户。因此，即使是同一个村，但转出和转入的双方所属的小组不同，就属于出租。本调查以农场经营者的所属小组为准，农场经营者所属小组以外的农场农地转入，均计入出租方式内。经营规模小于 50 公顷的专业农场主要以转包的方式转入农地，经营规模大于 100 公顷的专业农场主要以出租的方式转入农地，其中 BM 专业农场采取了入股方式，是延边州首家股份制农场，整合村内 3 家专业合作组织，组建了股份制农场。

表 4–3　Y 镇专业农场的基本状况（2011 年 12 月）

		YR	BM	FH	BL	CX	LX	CR	SJ	JKM	SC	SAN	WZ	BQ	CL	合计
成立时间		2010 年 12 月 30 日	2010 年 12 月 30 日	2011 年 4 月 2 日	2011 年 3 月 2 日	2011 年 3 月 2 日	2011 年 3 月 31 日	2012 年 12 月 30 日	2010 年 12 月 30 日	2011 年 2 月 18 日	2011 年 2 月 28 日	2011 年 1 月 19 日	2011 年 2 月 10 日	2011 年 2 月 9 日	2011 年 2 月 10 日	—
经营类型		合作社转型或领办	合作社转型或领办[①]	农民个人创办	农民个人创办	合作社转型或领办	农民个人创办	农民个人创办	农民个人创办	农民个人创办	合作社转型或领办	合作社转型或领办	农民个人创办	农民个人创办	农民个人创办	—
农场经营者身份		村干部	村干部	村干部	普通农户	普通农户	普通农户	村干部	村干部	普通农户	普通农户	村干部	普通农户	普通农户	村干部	—
加入农户数（户）		249	68	165	86	77	25	42	247	26	4	25	17	13	16	1060
农场经营面积[②]（公顷）		202.2	137.0	125.3	111.3	61.0	55.0	50.0	128.6	80.0	61.0	60.0	48.0	47.0	32.1	1198.5
水田		138.2	30.0	0	16.3	40.8	3.0	0	58.6	40.0	0	1.0	3.0	0	32.1	363.0
旱田		64.0	107.0	125.3	95	20.2	52.0	50.0	70.0	40.0	0	59.0	45.0	47.0	0	774.5
玉米		64.0	45.0	100.2	74.5	6.0	35.0	42.0	40.0	40.0	0	55.0	15.0	30.0	0	546.7
大豆		0	40.0	25.1	20.5	14.2	17.0	5.0	30.0	0	0	4.0	30.0	17.0	0	202.8
其他[③]		0	22.0	0	0	0	0	3.0	0	0	0	0	0	0	0	25.0
农地转入方式（公顷）	转包	22.6	0	30.3	25.9	18.2	28.6	21.4	43.1	26.8	61.0	20.0	42.4	40.0	28.1	408.4
	出租	179.6	0	95.0	85.4	42.8	26.4	28.6	85.5	53.2	0	40.0	5.6	7.0	4.0	653.1
	入股	0	137.0	0	0	0	0	0	0	0	0	0	0	0	0	137.0
农地流转价格[④]（元/公顷）	水田	2500	2030	—	2500	3000	2500	—	3000	2500	—	2500	2500	—	2650	2568
	旱田	2000	1800	2000	2000	2100	2000	2000	2000	2000	—	2000	2000	2000	—	1992

续表

		YR	BM	FH	BL	CX	LX	CR	SJ	JKM	SC	SAN	WZ	BQ	CL	合计
农地流转价格支付方式（公顷）	1年1付	202.2	137.0	125.3	10.0	61.0	55.0	50.0	48.2	80.0	61.0	0	48.0	47.0	32.1	956.8
	3~5年1付	0	0	0	101.3	0	0	0	36.0	0	0	20.0	0	0	0	157.3
	5年以上1付	0	0	0	0	0	0	0	44.4	0	0	40.0	0	0	0	84.4
农地转入期间		10年	10年	10年	10年	10年	10年	10年	10年	10年	10年	10年	10年	10年	10年	10年
所属村		M村	K村	Z村	B村	Q村	P村	Y村	S村			J村				9村
农场经营面积在全村耕地面积中所占的比重（%）⑤		74.9	90.1	70.0	78.4	25.5	33.7	24.5	55.0	34.2	0	11.1	7.6	5.8	7.1	—
农场加入农户在全村拥有承包经营权农户中所占的比重（%）⑤		90.9	94.4	41.3	74.8	69.4	6.0	49.4	82.3	8.7	1.3	40.0	32.0	31.3	21.4	—

注：①BM 专业农场是延边州首家股份制农场，整合村内 3 家专业合作组织，组建了股份制农场。

②SC 专业农场在山地栽培葡萄。

③除在旱田里种植玉米、大豆以外，BM 专业农场种植西瓜、香瓜、辣椒等；CR 专业农场种植红豆。

④水田和旱田的农地流转价格为各专业农场的平均数。

⑤FH 专业农场和 SAN 专业农场从 L 村（该村当时还未成立 1 家专业农场，L 村耕地面积 247 公顷，拥有承包经营权农户为 120 户）也转入农地，因此，农场经营面积在全村耕地面积中所占的比重和农场加入农户在全村拥有承包经营权农户中所占的比重均高于实际。

资料来源：根据 Y 镇专业农场经营者访问调查整理。

农地流转价格为水田2568元/公顷、旱田1992元/公顷。农地流转价格支付方式大部分采取一年一付，农地转入期限均为10年。调查中发现，水田流转价格上，多家专业农场定在2500元/公顷，最高的是CX和SJ专业农场，最低的是BM专业农场，分别为3000元/公顷、2030元/公顷；旱田流转价格上，多家专业农场定在2000元/公顷，最高的是CX专业农场，最低的是BM专业农场，分别为2100元/公顷、1800元/公顷。根据访问调查得知，CX专业农场的流转价格高的原因有两方面：一方面，所属的Q村比其他村产量较高，另一方面，农场经营者对农地转入的意愿较强。而BM专业农场的流转价格低的原因是，所属的K村比其他村产量较低，加之实行股份制，按股分红，且与入股的农民签订农地流转合同时确定每10年为一期，每3年调整一次农地流转价格。具体方法是，农场以每年纯收益的30%按照股权占有比例分配给农户，剩余70%作为农场发展资金和村集体经济发展积累资金。根据规定，农场初创的前三年不分红，收入全部作为农场积累，农民享有股份。

从农场经营面积在全村耕地面积中所占的比重和农场加入农户在全村拥有承包经营权农户中所占的比重上可以看出，专业农场的成立促进了农地流转，其中比重最高的是K村的BM专业农场，两个比重均占90%以上。14家专业农场的设立，是以农地转入为基础，开展大规模的农业生产经营。

二、专业农场的运营方式——以YR专业农场为例

M村YR专业农场成立于2010年12月30日，属于合作社领办的专业农场，农场经营面积202.2公顷，是在Y镇上成立的

最早且最大的专业农场。农场加入农户为 249 户，在全村拥有承包经营权农户 274 户的 90.9%。但 M 村 274 户中只有 56 户从事农业，其中 51 户在 YR 专业农场进行耕作。2011 年，YR 专业农场直接经营面积为 93.5 公顷，由合作社主要成员 5 人和农场新招聘的 6 名专业技术人员共同运营。合作社 5 人主要成员为村长（法定代表人）、村会计和小组长等村干部。另外 108.7 公顷的耕地由 46 户农户接受农场经营者的指示和统一管理（耕作时期和种子、农药、肥料等农业生产资料），进行个别耕种。利用农机具购置补贴及专业农场专项补贴，YR 专业农场已拥有收割机 3 台、324 型拖拉机 2 台、中型拖拉机 2 台、插秧机 2 台等农业机械。加入专业农场的农户可以免费或低价租借专业农场的农机具。

M 村 YR 专业农场的法定代表人自 2004 年开始经营大米加工厂，2011 年以 3.10 元/千克的价格购入收获的稻谷，解决了农户的销路问题。

三、专业农场的经营测算

表 4-4 显示了对 Y 镇专用农场进行经营测算的结果。如前所述，YR 专业农场包括农场经营者、员工直接经营的面积和由农户个别耕种的面积。其他不少专业农场也存在此类问题，即专业农场面积中去除直接经营面积的部分是由加入到专业农场的农户个别进行耕作。因此，表 4-4 是在专业农场已全部实现完全统一管理的假设下测算出来的结果。

从表 4-4 中可以看出水稻、玉米、大豆的每公顷的平均产值分别为 15200 元/公顷、10700 元/公顷、5500 元/公顷，差距较

表 4–4　Y 镇专业农场的经营测算（2011 年 12 月）

	30~50 公顷			50~100 公顷						100 公顷及以上					平均
名称	CL	BQ	WZ	CR	LX	SAN	SC	CX	JKM	BL	FH	SJ	BM	YR	
面积（公顷）	32.1	47.0	48.0	50.0	55.0	60.0	61.0	61.0	80.0	111.3	125.3	128.6	137.0	202.2	85.6
农场产值（千元）	480	428.0	345.0	580.0	440.0	786.0	0	962.0	1020.0	1128.0	1180.0	1430.0	1302.0	2705.0	913.3
水稻（稻谷）	480.0	0	45.0	0	40.0	20.0	0	750.0	600.0	240.0	0	870.0	432.0	2025.0	393.0
平均（千元/公顷）	15.0	0	15.0	0	13.3	20.0	0	18.4	15.0	14.7	0	14.8	14.4	14.7	15.2
玉米	0	360.0	160.0	510.0	300.0	720.0	0	72.0	420.0	790.0	1060.0	420.0	360.0	680.0	418
平均（千元/公顷）	0	12.0	10.7	12.1	8.6	13.1	0	12.0	10.5	10.6	10.6	10.5	8.0	10.6	10.7
大豆	0	68.0	140.0	50.0	100.0	46.0	0	140.0	0	98.0	120.0	140.0	210.0	0	79.4
平均（千元/公顷）	0	4.0	4.7	10.0	5.9	11.5	0	9.9	0	4.8	4.8	4.7	5.3	0	5.5
其他	0	0	0	20.0	0	0	0	0	0	0	0	0	300.0	0	22.9
平均产值（千元/公顷）	15.0	9.1	7.2	11.6	8.0	13.1	0.0	15.8	12.8	10.1	9.4	11.1	9.5	13.4	10.7
农场经费（千元）	246.4	283.3	323.9	421.5	293.7	595.4	295.7	622.3	582.2	501.4	747.2	770.5	703.5	974.9	525.8
农地流转价格①	85.1	94.0	97.5	100.0	104.0	120.0	0	164.8	180.0	230.8	250.6	315.8	253.5	399.9	171.1
水田	85.1	0	7.5	0	0	2.0	0	122.4	100.0	40.8	0	175.8	60.9	345.5	67.1
旱田	0	94.0	90.0	100	104.0	118.0	0	42.4	80.0	190	250.6	140.0	192.6	54.4	104.0
变动费用（千元）	144.4	160.0	207.0	293.0	165.0	435.0	276.0	421.0	300.0	225.0	468.0	415.7	420.0	514.0	317.4
农业生产资料	114.4	90.0	141.0	175.0	85.0	320.0	230.0	341.0	240.0	155.0	368.0	298.7	330.0	454.0	226.9
人力成本和其他	30.0	70.0	66.0	118.0	80.0	115.0	46.0	80.0	60.0	70.0	100.0	117.0	90.0	60.0	90.6
固定费用②（千元）	16.9	29.3	19.4	28.5	24.7	40.4	19.7	36.5	102.2	45.6	28.6	39.0	30.0	61.0	37.3

续表

名称	30~50 公顷			50~100 公顷						100 公顷及以上					平均
	CL	BQ	WZ	CR	LX	SAN	SC	CX	JKM	BL	FH	SJ	BM	YR	
农机具	12.9	24.3	15.4	20.0	17.2	27.9	10.7	31.5	87.2	35.6	23.6	29.0	25.0	46.0	29.0
建筑物	4.0	5.0	4.0	8.5	7.5	12.5	9.0	5.0	15.0	10.0	5.0	10.0	5.0	15.0	8.3
平均经费（千元/公顷）	7.7	6.0	6.8	8.4	5.3	9.9	4.8	10.2	7.3	4.5	6.0	6.0	5.1	4.8	6.2
纯利润（千元）	233.6	144.7	21.1	158.5	146.3	190.6	−295.7	339.7	437.8	626.6	432.8	659.5	598.5	1730.1	387.5
专业农场补助③（千元/公顷）	5.0	5.8	5.6	15.0	6.9	32.0	0	27.7	20.3	26.4	19.4	33.5	16.7	42.4	18.3
平均纯利润（千元/公顷）	7.3	3.1	0.4	3.2	2.7	3.2	−4.8	5.6	5.5	5.6	3.4	5.1	4.4	8.6	4.5

注：①在表 4–3 中，BL、SJ、SAN 的农地流转价格支付方式不是 1 年付，但为了比较上的方便，此专业农场也按 1 年 1 付计算。

②根据日本税务研究会的《平成 23 年改訂新版減価償却資産の耐用年数表（平成 23 年改定新版折旧资产的耐用年数表）》，农机具的耐用年数为 7 年，折旧率为 0.143 定额法测算。工厂建筑物的耐用年数为当地标准，耐用年数为 20 年，折旧率为 0.05，以定额法测算。固定费用是扣除补助金的经费。农机具购置补贴以近三年的市场平均销售价格的 30%测算，按机种补贴标准也各不相同。

③专业农场专业贷款贴息和土地承租费保险补贴的合计。除 CL、BQ、SC、FH、LX，水田 50 公顷以下，田地 100 公顷以下的专业农场也享受了 60%的贷款贴息。

资料来源：根据 Y 镇专业农场经营者访问调查及 Y 镇政府提供的资料整理。

大，农场的平均产值为10700元/公顷。结合表4-4可以看出，水稻经营面积达到30公顷以上的专业农场中，最高的是CX的18400元/公顷，最低的是BM的14400元/公顷，相差4000元/公顷。玉米经营面积达到30公顷以上的专业农场中，最高的是SAN的13100元/公顷，最低的是BM的8000元/公顷，相差5100元/公顷。在三种农作物中，大豆的每公顷的平均产值最低，只有水稻的36.2%，玉米的51.4%。大豆经营面积达到30公顷以上的专业农场只有BM、SJ、WZ三家专业农场，平均产值分别为5300元/公顷、4700元/公顷、4700元/公顷。BM专业农场还种植22公顷的其他农作物，主要包括西瓜、香瓜、辣椒等，相应的产值为300000元，平均产值为13636元/公顷，比较可观。

农场经费由农地流转价格、变动费用和固定费用三部分组成。平均农地流转价格为171100元，占32.5%；变动费用为317400元，占60.4%；固定费用为37300元，占7.1%。近年来，农地流转价格和农业生产资料费用快速增长，农业生产成本不断提高，增加了专业农场经营的负担。

2011年是专业农场经营的第一年，农业基础设施方面的投资较大，加上由于低温和干旱等自然灾害，产量比往年减产了不少。但专业农场的平均纯利润为387500元，除在山地上经营葡萄的SC专业农场[①]外，全部专业农场实现了盈余。可以推测，农地流转会促进土地的规模经营，有利于改善农业生产条件，会带来农地规模经营的规模经济效益。

---

① 与水稻、玉米、大豆等农作物不同，葡萄的栽培需要较长时间，因投资第一年无法收获，所以该专业农场在经营上没能实现盈余。

第三节　Y镇专业农场的经营者意识

一、设立专业农场的理由

表 4-5　设立专业农场的理由（最多选 3 项）

		谋求农地集聚，实现大规模经营	保护所属村的农地，有效利用农地，对所属村做出贡献	支农惠农政策	生产“安全安心”的高品质农产品	拥有开拓国内外市场的理想
专业农场类型	农民个人创办	9	5	9	1	3
	合作社转型或领办	5	4	5	—	1
	合计	14	9	14	1	4
经营主体身份	村干部	7	7	7	—	—
	普通农户	7	2	7	1	4
	合计	14	9	14	1	4

资料来源：根据 Y 镇专业农场经营者访问调查整理。

表 4-5 是专业农场经营者设立专业农场的理由（最多选 3 项）。专业农场类型可分为农民个人创办和合作社转型或领办两种；经营者的身份可分为村干部和普通农户两种。14 家专业农场的经营者都以谋求农地集聚、实现大规模经营为目标，政府对专业农场的优惠扶持政策也提升了农场经营者设立专业农场的积极性。“谋求农地集聚，实现大规模经营”和“支农惠农政策”的选择比重均为 100%，是设立专业农场的最重要理由。同时，共 9 位农场经营者认为“保护所属村的农地，有效利用农

地，对所属村做出贡献”也是设立专业农场的重要理由。其中，合作社转型或领办的选择比重高于农民个人创办，村干部的选择比重高于普通农户，村干部的选择比重为100%。相比之下，一半以上的普通农户是为了实现开拓国内外市场的理想而设立了专业农场。

二、专业农场的经营意识

表4-6是经营者的专业农场经营意识。作为经营者，大多数高度重视“销售和营销管理”“筹措资金，购入资材相关方面的管理”“农业政策的变化”“制定目标和战略计划”“机械化种植、生产管理”等，其重视比重分别为100.0%、92.9%、78.6%、50.0%、50.0%。经营者很关心“农业政策的变化”，是因为倾斜于专业农场优惠政策，有利于“筹措资金，购入资材相关方面的管理”。农民个人创办类型的专业农场的经营者希望得到“国内外先进事例的视察”的机会，其原因是与合作社转型或领办类型的农场经营者相比，缺乏相关的知识和经验，需要运营方法等相关的信息。还有，与村干部相比，普通农户更重视“机械化种植、生产管理”，村干部相对更重视“从业人员的人才管理，接班人的培育管理”。但是，对“财务和会计管理”“商品差别化、品牌化，开发新商品”“农场成长的管理方法”等方面的重视程度较低。

表 4-6　经营者的专业农场经营意识（最多选 5 项）

	农业政策的变化	国内外先进事例的视察	制定目标和战略计划	筹措资金，购入资材相关方面的管理	机械化种植、生产管理	从业人员的人才管理，接班人的培育管理	销售和营销管理	财务和会计管理	商品差别化、品牌化，开发新商品	农场成长的管理方法
农民个人创办	7	5	4	8	6	3	9	1	1	1
村干部	4	2	2	3	2	2	4	—	1	—
普通农户	3	3	2	5	4	1	5	1	—	1
合作社转型或领办	4	—	3	5	1	3	5	1	3	
村干部	3	—	2	3	—	2	3	—	2	—
普通农户	1	—	1	2	1	1	2	1	1	—
合计	11	5	7	13	7	6	14	2	4	1
比重（%）	78.6	35.7	50.0	92.9	50.0	42.9	100.0	14.3	28.6	7.1

注：部分调查项目参考、引用了杨秀玉的博士论文「中国の農企業における後継者育成に関する研究—中国の吉林省を対象とした日本の法人経営との比較から—」(2012)。

资料来源：根据 Y 镇专业农场经营者访问调查整理。

第四节　小　结

本章以 14 家专业农场为例，根据经营者的设立农场的目的及经营意识，探讨了专业农场的状况与课题。

如表 4-1 所示，Y 镇作为专业农场试点镇，在延边州专业农场发展中处于领先地位。2011 年 12 月，专业农场数为所属地区图们市平均水平的约 2 倍，延边州平均水平的 5 倍。

如表 4-2 所示，2011 年延边州全面开展了专业农场建设工作以来，在州委、州政府及各县市、各有关部门的大力扶持下，延边州专业农场得到快速发展，促进农地流转和规模经营的实现。

如表 4-3 所示，图们市 Y 镇专业农场经营类型可分为合作社转型或领办（5 家）和农民个人创办两种（7 家）；经营者的身份可分为村干部（7 人）和普通农户（7 人）两种。农地经营权以转包、出租、入股形式转入，承包权是属于农地承包户。在人口老龄化问题加剧，劳动力短缺的农村地区，要设立和发展专业农场，经营者必须具备耕种相关知识和经验，并且具有带动整体农场发展的领导力（Leadership）。专业农场资格认定中，对经营规模标准规定为：水田、蔬菜和经济作物 30 公顷以上，旱田 50 公顷以上，土地经营相对集中连片；土地流转时间达到 10 年以上（包括 10 年）；投入总额（包括土地流转费、农机具投入等）要达到 50 万元以上。为了满足这一要求，农场经营者们积极转入所属村或邻村的农地。农户之间的农地流转多为口头合同，且合同期也短，农地流转存在不稳定性。随着专业农场的成立，农户签订了 10 年的土地流转书面合同，稳定了该地区的农地流转。因此，农地转出农户可以放心地从事本地区其他产业或外出务工，转入农地的农场经营者也可以制订更具战略意义的经营计划。

如表 4-4 所示，不同农作物每公顷的平均产值差距较大。农场大多数旱田以玉米、大豆为主要作物，且需要实行玉米与大豆轮作，因此，农场的利润可能会根据农场经营者的战略而发生重大变化。近年来，农地流转价格和农业生产资料费用上涨，农业生产成本不断提高，给专业农场经营者增加了资金方面的负担，但倾斜于专业农场的优惠扶持政策，可以购买大量的农机具，从而实现了机械化耕作，并且在一定程度上解决了农地分散问题。农场管理者并没有直接经营属于农场范围内的所有耕地，但在专业农场中农场经营者直接经营的部分一定程度上已形成了大规模经营。加入专业农场中个别耕种农户接受农场经营者的指示和统一管理，可以免费或低价租借专业农场的农机具，改变了单纯依靠经验进行农业生产经营的模式，大幅提高了农业生产经营效率。

另外，也面临着亟待解决的课题。倾斜于专业农场的优惠扶持政策，有力地促进了延边州专业农场的快速发展。如表 4-5 和表 4-6 所示，经营者强烈意识到各级政府及相关部门对专业农场的优惠扶持政策。因为，为了获得对专业农场的有利政府政策，以满足农场规模条件为目的急速转入农地，所以在实际经营中存在由农户个别耕种面积，形成了专业农场内直接经营面积和农户个别耕种面积的分化。并且，不少农场还未实现随着农地流转形成的规模经营带来的规模效益。

第五章

专业农场的发展过程与开展方向

——以 Y 镇 YR、CX 两个专业农场为例

第一节　调查概要

为了进一步了解延边州专业农场的发展过程与开展方向，2013 年 4~5 月，对在 Y 镇已形成农产品生产、加工、销售、服务一体化模式的 YR[①] 和 CX[②] 专业农场的经营者及加入农户进行访问调查。本章从农产品生产、加工、销售、服务一体化模式发展过程及经营者、加入农户的意识，分析了专业农场的发展过程和经营状况，明确了经营内部问题、两个专业农场的关系及今后的发展方向。具体来说，通过分析经营者、加入农户的意识和经营构造探究了专业农场经营的内部问题，通过比较 YR

① YR 专业农场是在 Y 镇上成立的最早且最大的专业农场，设立在 M 村，YR 专业农场目前已形成农产品生产、加工、销售、服务一体化模式。

② CX 专业农场设立在 Q 村，Q 村和 M 村相邻，CX 专业农场是设立专业农场后才真正实现了农产品生产、加工、销售、服务一体化模式。

和 CX 专业农场的发展过程和经营者意识的异同探究了两者的关系，并初步探讨今后延边州专业农场的发展方向。

第二节　YR 专业农场和 CX 专业农场的概况

随着 2007 年《中华人民共和国农民专业合作社法》颁布施行，在各级政府和相关部门的支持与引导下，全国各地的农民专业合作社的数量急剧增加。YR 专业农场和 CX 专业农场属于专业合作社领办类型。因此，先介绍 YR 专业合作社和 CX 专业合作社的概况，如表 5-1 所示。

表 5-1　YR 专业合作社与 CX 专业合作社的概要（2012 年末）

	YR 专业合作社	CX 专业合作社
设立时间	2008 年 10 月 31 日	2009 年 2 月 24 日 *
地点	M 村	Q 村
经营者（法人代表兼理事长）	C（M 村的村长兼书记）	J（Q 村出身的企业家）
成员总数	11 人（1 人/户）	60 人（1 人/户）
理事会与监事会成员	6 人（理事长 1 人，理事 2 人，监事 3 人）	6 人（理事长 1 人，理事 2 人，监事 3 人）
成员出资总额（理事长）	11.0 万元（5.0 万元）	35.9 万元（30.0 万元）
业务范围	1. 水稻种植、加工 2. 组织采购、供应成员所需的生产资料 3. 组织收购、销售社员生产的产品 4. 向社员提供农机服务 5. 引进新技术、新品种，开展技术交流和咨询服务	1. 农产品加工（大米+大豆油） 2. 组织采购、供应成员所需的生产资料 3. 组织收购、销售社员生产的产品 4. 引进新技术、新品种，开展技术交流和咨询服务

注：*2009 年 2 月 24 日设立时成员总数为 31 人，成员出资总额为 33 万元，本数据为 2012 年 3 月 3 日更新后的数据。

资料来源：根据经营者 C 与 J 的访问调查以及提供数据整理。

YR专业合作社设立于2008年10月31日，CX专业合作社设立于2009年2月24日，各以Y镇的M村与Q村两个相邻的行政村为单位，各设立在M村和Q村。YR专业合作社的成员总数为11人，成员出资总额为11万元，其中YR专业合作社的经营者（法人代表兼理事长）C的出资额为5万元，占总额的约一半。其他成员中，1人理事的出资额为2万元，其余成员9人的出资额为3000~5000元。CX专业合作社的成员总数为60人，成员出资总额为35.9万元，其中CX专业合作社的经营者（法人代表兼理事长）J的出资额为30.0万元，占总额的83.6%，其余成员59人的出资额均为1000元。YR专业合作社的业务范围是水稻种植、加工相关业务，CX专业合作社是农产品加工（大米+大豆油）相关业务，因此，YR专业合作社与CX专业合作社相比多一项与种植相关的“向社员提供农机服务”的业务。从访问调查中得知，YR专业合作社的经营者（法人代表兼理事长）C对CX专业合作社提供种子、农药、肥料等农业生产资料，使CX专业合作社顺利实现组织采购、供应成员所需的生产资料的问题。

下面具体介绍YR专业农场和CX专业农场的概况（见表5-2）。

表5-2　YR专业农场与CX专业农场的概要（2012年末）

	YR专业农场	CX专业农场
设立时间	2010年12月30日	2011年3月2日
经营者（专业农场负责人）	C（M村的村长兼书记）	J（Q村出身的企业家）
注册资金总额	100万元	100万元
农地流转农户（加入农户）	249户	77户
农场总面积	202公顷（水田138公顷，旱田64公顷）	61公顷（水田41公顷，旱田20公顷）

续表

	YR 专业农场	CX 专业农场
直接经营面积*	102 公顷（水田 64 公顷，旱田 38 公顷）	10 公顷（水田 10 公顷，旱田 0 公顷）
直接经营生产量	水稻 288 吨，玉米 228 吨	水稻 45 吨
直接经营生产额	水稻 92.2 万元，玉米 36.5 万元	水稻 14.4 万元
农地流转期限	10 年	10 年
长期从业人员	11 人（其中专业合作社成员为 5 人）	10 人（其中专业合作社成员为 7 人）
农机具保有量（由专业合作社所有）	拖拉机 5 台，播种机 2 台，耕耘机 1 台，插秧机 7 台，联合收割机 5 台（水稻 3 台，玉米 2 台）	拖拉机 4 台，播种机 2 台，耕耘机 1 台，插秧机 5 台，联合收割机 7 台（水稻 3 台，玉米 2 台，大豆 2 台）
业务范围	1. 农地流转、集中 2. 水稻、玉米种植 3. 向农户提供农机具利用服务	1. 农地流转、集中 2. 水稻、玉米、大豆种植 3. 向农户提供农机具利用服务

注：* 直接经营面积，是指在专业农场的长期从业人员直接耕作的面积。

资料来源：根据经营者 C 与 J 的访问调查以及提供数据整理。

YR 专业农场设立于 2010 年 12 月，是在 Y 镇里设立最早且最大的专业农场。农场经营者（专业农场负责人）与 YR 专业合作社经营者（法人代表兼理事长）是同一人 C。2012 年末，YR 专业农场总面积为 202 公顷，其中水田 138 公顷、旱田 64 公顷，农场加入农户为 249 户，在 M 村拥有承包经营权农户 274 户的 90.9%。在 274 户中只有 54 户从事耕种，其中在 YR 专业农场里从事耕种的农户为 49 户，从事耕种的农户中的 5 户还未加入 YR 专业农场。2012 年，在专业农场长期从业人员直接耕作的直接经营面积为 102 公顷，其中水田 64 公顷、旱田 38 公顷，是由 11 个长期从业人员来经营管理。其中 5 人为农场主要管理人员，也是 YR 专业合作社的核心成员，包括村长兼党支部书记 C、村委会会计及村民小组组长等村干部，其余 6 人为村内招聘的专业技术人员。直接经营面积之外的100公顷（尤其是水田74公顷）是由专业农场长期从业人员以外的38户农户，接受农场经营者的指示和统一管理（耕作时期和种子、农药、肥料等农业生产资料），进行个别耕种。

CX专业农场设立于2011年3月，农场经营者（专业农场负责人）与CX专业合作社经营者（法人代表兼理事长）是同一人J。CX专业农场总面积为61公顷，其中水田41公顷、旱田20公顷，农场加入农户为77户，占M村拥有承包经营权农户111户的69.4%。但是，2012年直接经营面积只有水田10公顷，由10名长期从业人员经营管理。其中7人为农场经营者J等CX专业合作社主要成员，其余3人为村内招聘的专业技术人员。除了J以外，CX专业合作社主要成员6人中有3人是村长及村民小组组长等村干部，其他3人是普通农民。直接经营面积之外的水田31公顷是由专业农场长期从业人员以外的15户农户进行个别耕种。CX专业农场按照YR专业农场经营者C提示的耕作时期及提供的生产资料（品种、化肥）生产无公害标准化水稻。

YR与CX专业农场的长期从业人员主要由YR和CX合作社理事会与监事会成员构成。因农机购置补贴以及倾斜于专业农场的优惠扶持政策，YR与CX专业农场已拥有了大量的农业机械，加入专业农场的农户可以免费或低价租借专业农场的农机具。

第三节　YR、CX 两个专业农场经营者农业经营发展过程

一、YR 专业农场经营者 C 的农业经营发展过程

表 5-3　YR 专业农场经营者 C 的农业经营发展过程（截至 2013 年）

年份	经营形态	重要事项	农地集聚状况
2003 年	农民专业协会	①成功申请并建立延边无公害标准水稻生产示范基地（延边 XY 无公害农产品开发有限公司 Y 镇基地），开始生产“H”牌大米 ②设立 Y 镇无公害水稻协会（M 村、Q 村等 7 个邻村）	水田面积：400 公顷（M 村 180 公顷、Q 村 60 公顷、其他 160 公顷） 加入农户数：650 户（M 村 275 户、Q 村 110 户、其他 265 户）
2004 年	精米加工厂	①投资 10 万元设立精米加工厂 ②水稻生产的整个过程严格执行“六个统一”发展战略，即：统一品种、播种、肥料、加工、包装、销售	
2005 年		该基地获得“国家无公害标准化示范基地”称号	
2006 年		①M 村被选定为新农村建设省级示范村，以新农村建设预算对精米加工厂再投资 60 万元 ②根据精米加工量调整了无公害标准化水稻生产示范基地内的管理面积	水稻“六个统一”发展战略规模 水田面积：240 公顷（M 村 180 公顷、Q 村 60 公顷） 加入农户数：385 户（M 村 275 户、Q 村 110 户）
2007 年		“H”牌大米被国家质量检验检疫总局授予“中国名牌产品”称号	
2008 年	精米加工厂、合作社	①扩大精米加工厂 ②设立 YR 专业合作社	
2009 年		YR 专业合作社与基地农户签订合同，按照“六个统一”种植，并向社员提供农机服务、技术交流和咨询服务	YR 专业合作社的经营规模与适用水稻“六个统一”发展战略规模相同
2010 年		设立了 YR 专业农场	农场规模 202 公顷（水田 138 公顷，旱田 64 公顷） 加入农户数 249 户

续表

年份	经营形态	重要事项	农地集聚状况
2011 年	精米加工厂、合作社、专业农场	①因 CX 专业农场的设立，YR 专业合作社与基地农户签订合同规模减少 ②对减少的 Q 村的 35 公顷、65 户加入农户继续提供品种及肥料 ③经营专业农场第一年，直接经营面积为 94 公顷（水田 58 公顷，旱田 36 公顷），农地流转价格为水田 2500 元/公顷，旱田 2000 元/公顷* ④精米加工厂被选定为市级农业产业化龙头企业	“六个统一”中“品种、播种时期、肥料”统一管理范围 水田面积：240 公顷（M 村 180 公顷、Q 村 60 公顷） 加入农户数：385 户（M 村 275 户、Q 村 110 户）
2012 年		①直接经营面积扩大到 102 公顷（水田 64 公顷，旱田 38 公顷），农地流转价格为水田 2500 元/公顷，旱田 2000 元/公顷 ②计划 2012~2015 年对农产品加工厂与 YR 专业农场建设再投资 350 万元，扩大其规模	水稻“六个统一”发展战略规模（YR 合作社经营） 水田面积：205 公顷（M 村 180 公顷、Q 村 25 公顷） 加入农户数：320 户（M 村 275 户、Q 村 45 户）
2013 年		①直接经营面积扩大到 125 公顷（水田 74 公顷，旱田 51 公顷），农地流转价格为水田 2500 元/公顷，旱田 2000 元/公顷 ②经营者 C 荣获“全国种粮售粮大户”（全国共 300 人）	YR 专业农场规模 202 公顷（水田 138 公顷，旱田 64 公顷） 加入农户数：249 户

注：*YR 专业农场对农户支付的农地流转价格大约为：水田 5000 元/公顷，旱田 3500 元/公顷。但是，国家粮食补贴（粮食直接补贴、良种补贴、农资综合补贴）由 YR 专业农场领取，因此，除去补贴，实际农地流转价格大约为：水田 2500 元/公顷，旱田 2000 元/公顷。

资料来源：根据经营者 C 的访问调查以及提供数据整理。

表 5-3 是 M 村 YR 专业农场经营者 C 的农业经营发展过程（截至 2013 年）。YR 专业合作社的经营者（法人代表兼理事长）C 出生于 1954 年 3 月，1998 年起担任 M 村的村长，2003 年起担任村长兼党支部书记，长期担任村干部，农村基层工作经验丰富，群众认可度很高，带领 M 村的农户，率先实现农业产业化经营。

2003 年，经营者 C 成功申请并建立了延边无公害标准化水稻生产示范基地，设立 Y 镇无公害水稻协会（包括 M 村、Q 村等 7 个邻村），开始了农地集聚，同时注册“H”牌商标，为水稻大规模经营以及大米品牌化建设打下了良好的基础。

2004~2007 年，主要是发展精米加工厂，注重管理效率的阶段。2004 年，设立精米加工厂，水稻生产的整个过程严格执行“六个统一”，即统一品种、播种、肥料、加工、包装、销售；2006 年，投入 60 万元升级改造精米加工厂厂房和设备，并根据大米加工量缩小了无公害标准化水稻生产示范基地内的管理面积，注重提高效率；2007 年，“H”牌大米被国家质量检验检疫总局授予“中国名牌产品”称号，为向优质、高档、品牌化发展奠定了良好的基础，也为农村三产融合发展打下了初步的基础。

2008~2010 年，是发展精米加工厂与专业合作社阶段。2008 年，扩大精米加工厂的同时设立了 YR 专业合作社；2009 年，YR 专业合作社与基地农户签订合同，按照“六个统一”种植，并向社员提供农机服务、技术交流和咨询服务；2010 年末，设立了 YR 专业农场，一定程度上实现了大规模经营，巩固了农村三产融合发展的基础，为培育发展农业产业化联合体[①] 奠定了良好基础。

2011 年开始步入精米加工厂、专业合作社、专业农场三者结合发展阶段。2011 年，开始逐步扩大投入，并且专业农场内的直接经营面积也逐渐扩大，确保加工原料来源并提高农业生产率。2011 年，精米加工厂被选定为市级农业产业化龙头企业。

---

① 农业产业化联合体是以龙头企业为经营引擎、种养农户为生产基础、专业合作社为服务纽带，基于产业链的专业分工、生产要素的范围共享与紧密契约下的交易稳定，在内部形成多条产业链与供应链交叉融合的农业规模经营组织联盟，可以提升农业生产的组织化水平，促进农业的规模化经营，通过发展品牌与收益链接形成优质优价的正向激励机制，实现农民增收与农业增效的协调统一。农业企业联合体是农业纵向产业融合的高级形态，相比之前中国出现的“公司+农户”“公司+合作社+农户”等传统纵向一体化产业融合形态而言，联合体这种纵向交叉产业融合模式更加成熟，更为稳固，产业链更为密集，“公司+农户”“公司+合作社+农户”等传统纵向一体化组织形式也将逐步向联合体形态发展演进（王志刚等，2019）。

2013 年，经营者 C 荣获“全国种粮售粮大户”。

身兼经营者和村干部双重身份的 C，带领 M 村和邻村的农户，在水稻生产的整个过程中严格执行统一品种、统一播种、统一肥料、统一加工、统一包装、统一销售的“六个统一”，最终形成了农产品生产、加工、销售、服务一体化经营模式，并开始实现农村三产融合和农业产业化联合体的发展，积累了丰富的农业专业知识和经营管理经验。

二、CX 专业农场经营者 J 的农业经营发展过程

表 5-4　CX 专业农场经营者 J 的农业经营发展过程（截至 2013 年）

年份	经营形态	重要事项	农地集聚状况
2001 年	农产品加工厂	设立大豆油加工厂（设备投资额 1 万元）	加工范围 面积：25 公顷（旱田 25 公顷）
2003 年		开始进行个别耕种（大豆 3 公顷）	
2004 年		扩大加工（年末购入二手大米加工设备）	
2005 年		①开始与 Q 村内专业大户（来自黑龙江的外来户 4 户）签订种植大豆及水稻合同（合计 50 公顷），确保加工原料来源 ②个别耕种（大豆 3 公顷→水稻 5 公顷）	加工范围 面积：75 公顷（水田 25 公顷，旱田 50 公顷）
2006 年		第二次扩大加工（设备投资）	
2007 年		不再进行个别耕种	
2009 年	专业合作社（农产品加工厂）	①基于农产品加工厂设立了 CX 专业合作社，扩大原料生产及加工规模 ②结束与 Q 村内专业大户（来自黑龙江的外来户 4 户），签订种植大豆及水稻合同（合计 50 公顷）	加工范围 面积：100 公顷（水田 50 公顷、旱田 50 公顷）
2010 年		增加了大米加工设备	

续表

年份	经营形态	重要事项	农地集聚状况
2011 年	专业合作社（农产品加工厂）、专业农场	①设立 CX 专业农场 ②直接经营面积为 8 公顷（水田 8 公顷，旱田 0 公顷），农地流转价格为水田 3000 元/公顷，旱田 2100 元/公顷 ③注册“G”牌商标 ④入选首批农民专业合作社示范社（全国 6663 家、延边 12 家）	农场规模 面积：61 公顷（水田 41 公顷，旱田 20 公顷） 加入农户数：77 户
2012 年		①扩大 CX 专业合作社规模（加工范围扩大，水田 75 公顷，旱田 80 公顷） ②扩大 CX 专业农场直接经营面积，10 公顷（水田 10 公顷，旱田 0 公顷），农地流转价格为水田 4800 元/公顷，旱田 2100 元/公顷	
2013 年		①扩大 CX 专业农场规模，直接经营面积达到 36 公顷（水田 36 公顷，旱田 0 公顷），农地流转价格为水田 5300 元/公顷，旱田 2100 元/公顷 ②购入玉米加工设备，扩大加工范围及规模（大米+大豆+玉米加工）	农场规模 面积：86 公顷（水田 56 公顷，旱田 30 公顷） 加入农户数：93 户

注：2012 年 CX 专业农场水田农地流转价格为 5000 元/公顷，对国家粮食补贴中只领取良种补贴（200 元/公顷），其他补贴是由具有农地承包权的农户领取，因此，除了这项补贴实质上的水田农地流转价格大约为 4800 元/公顷。2012 年在合同书上修改，水田流转价格以 2012 年 4800 元/公顷为基准，2013 年开始其价格每年上涨 500 元/公顷。

资料来源：根据经营者 C 的访问调查以及提供数据整理。

表 5-4 是 Q 村 CX 专业农场经营者 J 的农业经营发展过程（截至 2013 年）。CX 专业合作社的经营者（法人代表兼理事长）J 出生于 1969 年 2 月，1993~2001 年在城市从事个体经营（废品回收、小型超市）。

2001~2008 年，主要是发展农产品加工厂阶段。2001 年，设立大豆油加工厂；2003 年，经营者 J 开始进行个别耕种大豆 3 公顷；2004 年，在原有设备基础上购入二手大米加工设备，扩大了加工规模；2005 年开始，为了确保加工原料来源，与 Q 村内专业大户（来自黑龙江的外来户 4 户）签订种植大豆及水稻合同，其面积达到 50 公顷。除订单外，还进行个别耕种水稻 5

公顷；2006 年加大设备投入，第二次扩大加工规模；2007 年开始专注于加工厂的经营管理，不再进行个别耕种。

2009~2010 年，主要是发展专业合作社兼农产品加工厂阶段。2009 年基于农产品加工厂设立了 CX 专业合作社，结束经营者 J 个人与 Q 村内专业大户（来自黑龙江的外来户 4 户）签订的合同，转向由 CX 专业合作社与 Q 村农户签订了合同，扩大原料生产及加工规模；2010 年增加了大米加工设备，增加了大米加工量。

2011 年开始步入专业合作社兼农产品加工厂、专业农场三者结合发展阶段。2011 年设立 CX 专业农场，注册“G”牌商标，经营者 J 入选首批农民专业合作社示范社（全国 6663 家、延边 12 家）；2012 年扩大 CX 专业合作社规模，并扩大 CX 专业农场直接经营面积，大幅度提高了水田流转价格；2013 年继续扩大 CX 专业农场规模，也扩大了直接经营面积，再次提高水田流转价格，同时购入玉米加工设备，扩大加工范围及规模（大米+大豆+玉米加工）。这期间，经营者 J 大幅度提高农地流转价格，扩大了农场规模，确保加工原料来源，并且专业农场内的直接经营面积也逐渐扩大。

返乡创业的 J，发挥个体经营中积累的知识和经验，带领 Q 村和邻村的农户，设立了专业合作社兼农产品加工厂和专业农场，最终形成了农产品生产、加工、销售、服务一体化模式经营，并开始实现农村三产融合发展，为培育发展农业产业化联合体奠定了良好基础。

三、经营者 C 与 J 的农业经营发展过程比较

由表 5-3~表 5-4 可以归纳总结得到图 5-1，图 5-1 显示了经营者 C 和 J 的农业经营的变迁。经营者 C 和 J 都带领各所属村里农户，各在 M 村与 Q 村设立了唯一的农产品加工厂，依据国家及各级政府的引导及相关政策先后设立了专业合作社与专业农场，经历了农产品加工厂—专业合作社—专业农场的变迁过程，最终形成了农产品生产、加工、销售、服务一体化经营模式，并开始实现农村三产融合和农业产业化联合体发展。

经营者 C 于 2003 年动员了以 M 村为中心的 7 个村农户，成功申请并建立延边无公害标准水稻生产示范基地，基地内的水田面积为 400 公顷（M 村 180 公顷，Q 村 60 公顷，其他 160 公顷）和农户 650 户（M 村 275 户，Q 村 110 户，其他 265 户），从 2004 年开始水稻生产的整个过程严格执行统一品种、统一播种、统一肥料、统一加工、统一包装、统一销售的“六个统一”发展战略。2004 年设立了精米加工厂，2006 年开始根据大米加工量，把无公害标准化水稻生产示范基地内的管理面积减少到 240 公顷（M 村 180 公顷，Q 村 60 公顷）、农户 385 户（M 村 275 户，Q 村 110 户），并决定 Y 镇无公害水稻协会内的其他面积由各村各自经营。自 2008 年设立 YR 专业合作社以来，与实施“六个统一”发展战略范围的 M 村和 Q 村农户签订了合同，覆盖面积为 240 公顷，辐射农户数为 385 户。2010 年设立了 YR 专业农场，农场面积 202 公顷（水田 138 公顷，旱田 64 公顷），加入农户 249 户。并通过 YR 专业农场的设立，进行旱田的集聚。2011 年，在 Q 村以经营者 J 设立 CX 专业农场为契机，由 C

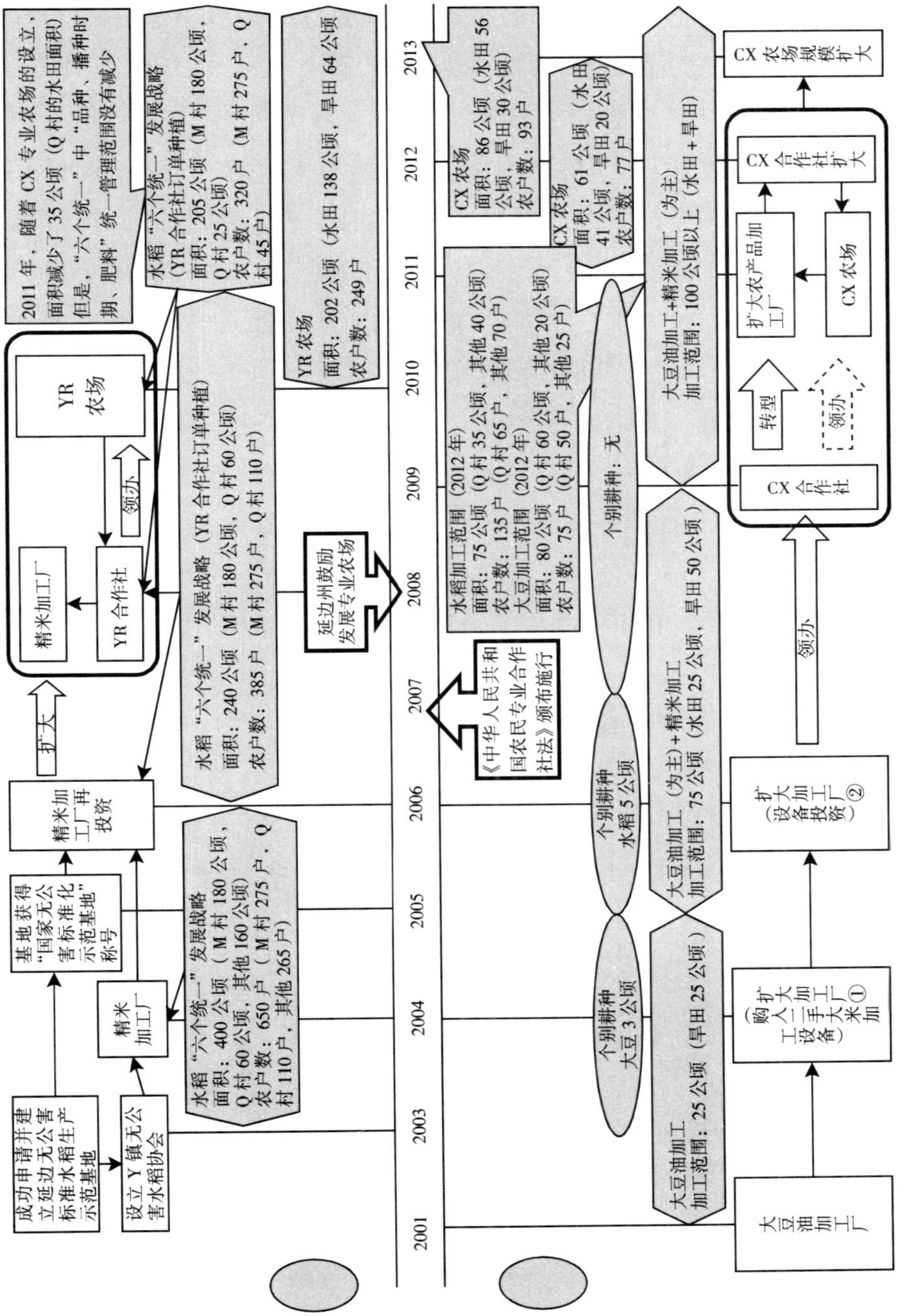

图 5-1　经营者 C 和 J 的农业经营的变迁

主导的水稻“六个统一”发展战略的辐射范围以及 YR 专业合作社与基地农户签订合同规模减少到 205 公顷（M 村 180 公顷，Q 村 25 公顷）、农户 320 户（M 村 275 户，Q 村 45 户）。但是，对无公害标准化水稻生产基地内的 M 村和 Q 村的农户统一提供品种、农药、肥料等农业生产材料，并制定统一栽培标准进行管理。

经营者 J 从 2001 年开始进行大豆油加工，2005 年开始进行大豆油加工+精米加工。截至 2008 年以大豆油加工为主，2009 年在原有农产品加工厂的基础上设立了 CX 专业合作社，此后增加了精米加工量，涉及大豆油加工和精米加工的面积各为 50 公顷。设立 CX 专业农场之前，通过 CX 专业合作社（农产品加工厂）发展农产品加工业务。2011 年设立 CX 专业农场初期，面积 61 公顷（水田 41 公顷，旱田 20 公顷），加入农户为 77 户。随着 CX 专业农场的设立，开始形成了农产品生产、加工、销售、服务一体化模式经营。2012 年涉及精米加工的面积为 75 公顷（Q 村 35 公顷[①]，其他 40 公顷），加入农户为 135 户（Q 村 65 户，其他 70 户）；大豆加工面积为 80 公顷（Q 村60 公顷，其他 20 公顷），加入农户为 75 户（Q 村 50 户，其他25 户）。2013 年农场规模扩大到 86 公顷（水田 56 公顷，旱田30 公顷），加入农户为 93 户。

总而言之，M 村的经营者 C 自 2003 年以来一直开展大规模的水稻生产，其整个过程严格执行“六个统一”，早已形成了生产、加工、销售、服务一体化经营模式，并致力于农地集聚。通过 YR 专业农场的设立逐渐扩大直接经营面积，更加巩固了加

---

① 2012 年 CX 专业农场的水田面积为 41 公顷，不等于 CX 专业合作社在 Q 村内的精米加工面积 35 公顷，多出来的 6 公顷由 M 村的 C 加工。

工原料生产来源、进一步促进了农村三产融合发展，为培育发展农业产业化联合体奠定了良好基础。Q村的经营者J自2001年起一直专注于农产品加工，自2011年设立CX专业农场后正式开展了具有一定规模的水稻生产，积极转入农地，逐渐实现农地集聚。2005年开始进行精米加工，2009年CX专业合作社成立扩大了加工范围，2011年设立CX专业农场，并注册“G”牌商标，扩展了精米加工业务。通过CX专业农场的设立，开始了生产、加工、销售、服务一体化的农村三产融合发展，为培育发展农业产业化联合体奠定了良好基础。M村与Q村是邻村，CX专业农场逐渐扩大直接经营面积并大幅度提高农地流转价格，影响了YR专业合作社与基地农户签订合同的水田面积及加入农户数，因此，CX专业农场的设立直接影响着M村经营者C和Q村经营者J的农业经营发展。但是，Q村的经营者J长期从事加工、销售经营，欠缺生产方面的经验，因此，在生产方面受到M村经营者C的统一品种、播种、肥料的“三个统一”的管理。

第四节　YR、CX两个专业农场的农地集聚和经营状况

一、YR、CX两个专业农场的农地集聚

表5-5是YR、CX两个专业农场的农地集聚状况。

表 5-5 YR、CX 两个专业农场的农地集聚状况

			YR 专业农场	CX 专业农场
2013 年	专业农场总面积（公顷）		202（水田 138，旱田 64）	86（水田 56，旱田 30）
		直接经营面积	125（水田 74，旱田 51）	36（水田 36，旱田 0）
	农地流转价格（元/公顷）		水田 2500，旱田 2000	水田 5300，旱田 2100
2012 年	专业农场总面积（公顷）		202（水田 138，旱田 64）	61（水田 41，旱田 20）
		直接经营面积	102（水田 64，旱田 38）	10（水田 10，旱田 0）
	农地流转价格（元/公顷）		水田 2500，旱田 2000	水田 4800，旱田 2100
2011 年	专业农场总面积（公顷）		202（水田 138，旱田 64）	61（水田 41，旱田 20）
		直接经营面积	94（水田 58，旱田 36）	8（水田 8，旱田 0）
	农地流转价格（元/公顷）		水田 2500，旱田 2000	水田 3000，旱田 2100

资料来源：根据经营者 C 与 J 的访问调查以及提供数据整理。

经营者 C 的 YR 专业农场在 2011~2013 年农场总面积为 202 公顷，没有变化，但直接经营面积为 2011 年 94 公顷、2012 年 102 公顷、2013 年 125 公顷，逐年扩大。另外，这 3 年 YR 专业农场的农地流转价格为水田 2500 元/公顷、旱田 2000 元/公顷，也没有变化。YR 专业农场加入了 249 户农户，占全村拥有承包经营权农户 274 户的 90.9%，并签订了 10 年合同，加入农户不能进行个别耕种的部分则由 YR 专业农场直接经营。M 村的农地转入农户和自作农户，随着年龄的增长以及外出务工，将逐渐退出农业生产领域。

J 经营的 CX 专业农场 2011~2013 年农场总面积分别为 61 公顷、61 公顷、86 公顷，直接经营面积分别为 8 公顷、10 公顷、36 公顷，逐年扩大。这 3 年 CX 专业农场的农地流转价格为 2011 年水田 3000 元/公顷、旱田 2100 元/公顷，2012 年开始水田流转价格大幅上涨，达到 4800 元/公顷，2013 年上升至 5300 元/公顷，远高于 YR 专业农场的农地流转价格。经营者 J

为了确保优良农地并实现农地集聚，在合同书上修改了农地流转价格相关内容，具体内容为水田流转价格以 2012 年 4800 元/公顷为基准，2013 年开始其价格每年上涨 500 元/公顷。

二、YR、CX 两个专业农场的经营状况

如前所述，YR、CX 两个专业农场包括农场经营者、员工直接经营的面积和由农户个别耕种的面积。表 5-6 是 YR、CX 两个专业农场的农场经营者和员工直接经营部分的经营状况。

2012 年，YR、CX 两个专业农场的水稻平均产值为 14400 元/公顷。如第二节所述，这是因为两个专业农场都按照同一种植标准生产水稻，且 M 村和 Q 村相邻，因此产量几乎相同，出售单价也相同，都是 3200 元/吨。但是，平均经费为 YR 专业农场 9450 元/公顷、CX 专业农场 12950 元/公顷，两个专业农场的差距较大。从平均经费的各项经费可以看出，CX 专业农场的多条项目经费高于 YR 专业农场，尤其是 CX 专业农场的农地流转价格是 4800 元/公顷，约为 YR 专业农场的 2 倍，农机具和建筑物方面也有较大差距，因此 YR、CX 两个专业农场的平均纯利润也存在较大差距，分别为 4950 元/公顷、1450 元/公顷。

2012 年，YR 专业农场在直接经营的 38 公顷的旱田里种植了玉米，其平均产值为 9600 元/公顷，单价为 1600 元/吨。种植玉米的平均经费为 9200 元/公顷，大体等于水稻的平均经费。农业生产资料（种子、肥料、农药）方面，玉米为 3500 元/公顷、水稻为 2450 元/公顷，差距较大，其最大原因是肥料价格的高涨。玉米平均纯利润只有 400 元/公顷，仅为水稻平均纯利润的 8%左右。

表 5-6　YR、CX 两个专业农场的农地经营状况（2012 年末）

项目			YR 专业农场	CX 专业农场
水田（水稻）	平均产值（元/公顷）		14400	14400
		单价（元/吨）	3200	3200
	平均经费（元/公顷）		9450	12950
		农地流转价格*	2500	4800
		农业生产资料（种子、肥料、农药）	2450	2450
		人力成本（长期从业人员+短期打工）	1500	1500
		农机具	2200	3000
		建筑物	300	700
		其他（农业保险+贷款利息等）	500	500
	平均纯利润（元/公顷）		4950	1450
旱田（玉米）	平均产值（元/公顷）		9600	0
		单价（元/吨）	1600	0
	平均经费（元/公顷）		9200	0
		农地流转价格	2000	0
		农业生产资料（种子、肥料、农药）	3500	0
		人力成本（长期从业人员+短期打工）	1000	0
		农机具	2000	0
		建筑物	300	0
		其他（农业保险+贷款利息等）	400	0
	平均纯利润（元/公顷）		400	0

注：*YR 专业农场对农户支付的农地流转价格为：水田 5000 元/公顷，旱田 3500 元/公顷。但是，国家粮食补贴（粮食直接补贴、良种补贴、农资综合补贴）由 YR 专业农场领取，因此，除去补贴，实际农地流转价格大约为：水田 2500 元/公顷，旱田 2000 元/公顷。CX 专业农场水田农地流转价格为 5000 元/公顷，对国家粮食补贴中只领取良种补贴（200 元/公顷），其他补贴由具有农地承包权的农户领取，因此，除了这项补贴实质上的水田农地流转价格大约为 4800 元/公顷。

资料来源：根据经营者 C 与 J 的访问调查以及提供数据整理。

2012 年，延边州遭受低温、暴雨等自然灾害，尤其是 8 月底台风“布拉万”的侵袭，两个专业农场受灾情况较为严重，水稻的平均产量降到往年的 1/2、玉米的平均产量降到往年的 2/3，虽获得农业保险理赔，但整体经营管理上受到一定的打击。

第五节　YR、CX 两个专业农场加入农户的意识和意愿

表 5–7 是专业农场个别耕种状况。农场从业人员相关户数 YR、CX 两个专业农场各为 11 户、10 户；普通加入农户 YR、CX 两个专业农场各为 238 户、83 户。访问调查中，以农场从业人员 17 户（YR 9 户，CX 8 户）和普通加入农户 36 户（YR 24 户，CX 12 户），共 53 户作为调查对象。

表 5–7　YR、CX 两个专业农场个别耕种状况

个别耕种状况 \ 加入农户类型		农场从业人员		普通加入农户			合计
		管理人员	员工	转出农户	转入农户	自作农户	
YR	调查农户数	3	6	3	17	4	33
	进行个别耕种农户	3	6	0	17	4	30
	有农业接班人的农户	1	0	0	1	0	2
CX	调查农户数	3	5	8	2	2	20
	进行个别耕种农户	0	0	0	2	2	4
	有农业接班人的农户	0	0	0	0	0	0

资料来源：根据 YR、CX 两个专业农场的加入农户访问调查整理。

在 YR 专业农场，农场从业人员进行个别耕种，在表 5–5 所示的 YR 专业农场的直接经营面积中包括农场从业人员个别耕种面积和共同经营面积。虽然个别耕种的农户比例很高，但有农业接班人的农户很少，在进行个别耕种的 30 户中只有 2 户。在 CX 农场里，所有农场从业人员均未进行个别耕种，作为农场从业人员共同管理直接经营面积，在普通加入农户中进行个别

耕种的农家只有 4 户，其比例很低，有农业接班人的农户为 0 户。

表 5-8 是农户加入专业农场的理由。在进行个别耕种农户比重高的 YR 专业农场，农户加入专业农场的主要理由为“农业机械利用等的优先权”“提高农业作业效率”“对经营组织的信任”；在个别耕种农户比重低的 CX 专业农场，农户加入专业农场的主要理由为“对经营组织的信任”“农场经营者的游说”“较高的农地流转价格”。YR、CX 两个专业农场的加入农户都认为“对经营组织的信任”是加入专业农场的主要理由。

表 5-8 农户加入 YR、CX 两个专业农场的理由（多项选择）

加入理由 \ 加入农户类型		农场从业人员		普通加入农户			合计
		管理人员	员工	转出农户	转入农户	自作农户	
YR (33)	农业机械利用等的优先权	3	6	0	15	4	28
	提高农业作业效率	3	3	0	17	0	23
	对经营组织的信任	3	6	3	10	0	22
	农场经营者的游说	0	4	3	3	0	10
	较高的农地流转价格	0	0	0	0	0	0
CX (20)	农业机械利用等的优先权	0	0	0	2	2	4
	提高农业作业效率	3	2	0	0	0	5
	对经营组织的信任	3	5	5	2	0	15
	农场经营者的游说	1	5	2	2	0	10
	较高的农地流转价格	1	2	5	0	2	10

资料来源：根据 YR、CX 两个专业农场的加入农户访问调查整理。

表 5-9 是 YR、CX 两个专业农场加入农户维持个别耕种的期限。在 YR 专业农场加入农户中，选择 3 年以上的农户为 14 户，其中农场从业人员 5 户、普通加入农户 9 户。在 CX 专业农场加入农户中，选择 5 年以上的农户为 2 户，其他农户均考虑离农。可以预测出，随着个别耕种农户的减少，YR、CX 两个专

业农场的直接经营面积会不断扩大，有利于农场的统一经营管理。

表 5-9　YR、CX 两个专业农场加入农户维持个别耕种的期限

期限＼加入农户类型		农场从业人员		普通加入农户			合计
		管理人员	员工	转出农户	转入农户	自作农户	
YR (33)	10 年及以上	1	0	0	3	0	4
	5~10 年	2	1	0	1	0	4
	3~5 年	0	1	0	5	0	6
	3 年以下	0	4	0	6	1	11
	离农	0	0	3	2	3	8
	合计	3	6	3	17	4	33
CX (20)	10 年及以上	0	0	0	0	0	0
	5~10 年	0	0	0	1	1	2
	3~5 年	0	0	0	0	0	0
	3 年以下	0	0	0	0	0	0
	离农	3	5	8	1	1	18
	合计	3	5	8	2	2	20

资料来源：根据 YR、CX 两个专业农场的加入农户访问调查整理。

第六节　经营者 C 与 J 的意识及意愿

表 5-10 表示经营者 C 与 J 的意识及意愿，主要包括设立专业农场理由、经营理念与理想以及作为经营者重视内容等方面的意识。

表 5–10　经营者 C 与 J 的意识及意愿（2012 年 2 月和 2013 年 4 月）

		经营者 C	经营者 J
设立专业农场理由（先后顺序）2012 年 2 月		①对专业农场有利的政府补助政策 ②谋求农地集聚，实现大规模经营 ③保护 M 村农地，有效利用农地，对 M 村做出贡献	①拥有开拓国内外市场的理想 ②对专业农场有利的政府补助政策 ③谋求农地集聚，实现大规模经营
经营理念与理想（先后顺序）2013 年 4 月		①谋求农地集聚，有效利用农地，实现大规模的机械化生产 ②高品质“H”品牌大米的可持续生产 ③拥有竞争力，开拓国内外市场的同时，提高“H”品牌大米的知名度 ④生产高附加价值的高级加工商品 ⑤集聚农地的同时，扩大经营规模，主要是增加农产品加工厂、专业合作社、专业农场相关农户的收入，并增进村民福利	①拥有竞争力，开拓国内外市场的同时，提高“G”品牌大米的销售额 ②生产高附加价值的高级加工商品 ③谋求农地集聚，有效利用农地，实现大规模的机械化生产 ④集聚农地的同时，扩大经营规模，对与农产品加工厂、专业合作社、专业农场相关农户增进福利
作为经营者重视项目	2012 年 2 月（先后顺序）	①筹措资金，购入资材相关方面的管理 ②农业政策的变化 ③从业人员的人才管理，接班人的培育管理 ④销售和营销管理 ⑤商品差别化、品牌化，开发新商品	①机械化种植、生产管理 ②筹措资金，购入资材相关方面的管理 ③销售和营销管理 ④从业人员的人才管理，接班人的培育管理 ⑤制定目标和战略计划（计划性地集聚，确保有效利用农地）
	2013 年 4 月（多选、无先后顺序）	√筹措资金，购入资材相关方面的管理 √农业政策的变化 √从业人员的人才管理，接班人的培育管理 √销售和营销管理 √商品差别化、品牌化，开发新商品 ※确保农地适度规模，有效利用 ※机械化种植、生产管理 ※财务和会计管理	√机械化种植、生产管理 √筹措资金，购入资材相关方面的管理 √销售和营销管理 √从业人员的人才管理，接班人的培育管理 √制定目标和战略计划（计划性地集聚、确保、有效利用农地） ※商品差别化、品牌化，开发新商品 ※农业政策的变化

注：“√”是 2012 年、2013 年共同重视项目，“※”是不考虑先后顺序时选择的 2013 年重视项目。部分调查项目参考、引用了杨秀玉的博士论文「中国の農企業における後継者育成に関する研究—中国の吉林省を対象とした日本の法人経営との比較から—」(2012)。

资料来源：根据经营者 C 与 J 的访问调查以及提供数据整理。

首先，从 2012 年 2 月实施的调查中发现，经营者 C 与 J “设立专业农场理由”都是“对专业农场有利的政府补助政策”“谋求农地集聚，实现大规模经营”。另外，身兼经营者和干部双重身份的 M 村 C 还以实现“保护 M 村农地，有效利用农地，对 M 村做出贡献”的目标设立 YR 专业农场。在城市从事过个体经营（废品回收、小型超市）的 Q 村 J 还以“拥有开拓国内外市场的理想”设立 CX 专业农场。

其次，从 2013 年 4 月实施的“经营理念与理想”相关调查中发现：经营者 C 最重视的是“谋求农地集聚，有效利用农地，实现大规模的机械化生产”；经营者 J 最重视的是“拥有竞争力，开拓国内外市场的同时，提高‘G’品牌大米的销售额”。经营者 C 还重视“高品质‘H’品牌大米的可持续生产”“拥有竞争力，开拓国内外市场的同时，提高‘H’品牌大米的知名度”“生产高附加价值的高级加工商品”“集聚农地的同时，扩大经营规模，主要是增加农产品加工厂、专业合作社、专业农场相关农户的收入，并增进村民福利”；经营者 J 还重视“生产高附加价值的高级加工商品”“谋求农地集聚，有效利用农地，实现大规模的机械化生产”“集聚农地的同时，扩大经营规模，对与农产品加工厂、专业合作社、专业农场相关农户增进福利”。可以看出，经营者 C 和 J 都有向规模化、品牌化、差别化、融合化、国际化方向发展的“经营理念与理想”。

最后，在“作为经营者重视项目”中，经营者 C 与 J 在两次调查中都共同认为“筹措资金，购入资材相关方面的管理”“从业人员的人才管理，接班人的培育管理”“销售和营销管理”很重要。而且，经营者 C 重视“农业政策的变化”与“商品差别化、品牌化，开发新商品”；经营者 J 还重视“机械化种植、生产管理”与“制定目标和战略计划（计划性地集聚，确保、有效利用农地）”。

2013 年 4 月，以与 2012 年 2 月调查时同样的选择项目再次调查时，除了 2012 年重视的项目以外，经营者 C 还重视“确保农地适度规模，有效利用”“机械化种植、生产管理”“财务和会计管理”等；经营者 J 还重视“商品差别化、品牌化，开发新商品”“农业政策的变化”的调查结果。

第七节 小 结

本章以 YR、CX 两个专业农场为例，通过农场经营者和加入农户的意识及经营结构分析经营内部的问题；通过两个专业农场实现农产品生产、加工、销售、服务一体化模式发展过程和经营者意识分析两个专业农场的关系，并初步探讨今后延边州专业农场的发展方向。

YR、CX 两个专业农场在经营者 C 与 J 的带领下，经历了农产品加工厂—专业合作社—专业农场的变迁过程，最终形成了农产品生产、加工、销售、服务一体化模式经营，并开始实现农村三产融合和农业产业化联合体的发展。

如图 5–1 所示，YR 专业农场的经营者 C，长期以来注重农地集聚、水稻生产及加工问题，并水稻生产的整个过程严格执行“六个统一”。从 2004 年开始持续向无公害标准化水稻生产示范基地内的农户提供农业生产材料，2009 年设立 YR 专业合作社与基地农户签订合同，确保了精米加工厂的原料，2010 年设立 YR 专业农场以来直接经营面积逐渐扩大，进一步确保了精米加工厂的原料来源的同时提高了农业生产率。CX 专业农场的经营者 J，长期以来注重加工农产品加工，2009 年设立 CX 专业合作社之前是以大豆加工为主、大米加工为辅，设立 CX 专业合作社之后增加了大米加工业务，2011 年设立 CX 专业农场后才正式开展了具有一定规模的水稻生产，积极转入农地，逐渐实现农地集聚，确保了精米加工厂的原料，农产品加工以大豆为主、大豆为辅。YR、CX 两个专业农场的确立，有利于经营者 C 和 J 确保加工原料。

如表 5-5 所示，YR、CX 两个专业农场都包括农场经营者、员工直接经营的面积和由农户个别耕种面积，农场经营状况处于“双层经营结构”。从经营者和加入农户的关系来看，YR、CX 两个专业农场都存在积极开展个别耕种的农户，其中也有少数持有长时间（5 年以上）进行个别耕种意愿的农户。随着专业农场的设立，农业生产基础条件得到改善，这些少数的加入农户进行农业生产经营的积极性越发高涨，因此，“双层经营结构”状态持续存在的可能性较大（见表 5-7~表 5-9）。

但是，YR、CX 两个专业农场的直接经营面积逐年扩大，随之农地集聚度逐年提高，其理由为确保加工原料和提高农业生产率，将会持续注重直接经营面积及农地集聚度问题。由于 YR 专业农场的农地转入农户和自作农户随着年龄的增长以及外出务工，逐渐退出农业生产领域，所以这部分的面积由 YR 专业农场直接经营。由于 CX 专业农场的农业生产基础比较薄弱，经营者 J 的农业生产方面的经验较少，在确保加工原料问题上受到一定的限制，因此，经营者 J 为了打破这一局面，设定了高额农地流转价格，极力扩大 CX 专业农场规模。从表 5-6 所示的水稻和玉米平均纯利润差距上可以看出，YR、CX两个专业农场今后关于水田的转入竞争会更加激烈。经营者J虽然在大豆油加工上有优势，但根据目前情况来看，由于水稻与旱田农作物的收益存在很大差距，因此，农地集聚将以水田为重点。

如表5–10所示，作为经营者C和J都重视“农地集聚、确保、有效利用”，随着专业农场数的增加，农地流转的竞争会更加激烈。经营者C与J共同的“经营理念与理想”是通过农产品加工厂、专业合作社、专业农场三者结合的发展，在生产方面，实现大规模且统一的机械化生产，提高经营效率；在加工和销售方面，生产出高附加价值的高级加工商品，实现规模化、品牌化、差别化、融合化、国际化经营战略，提高收益；在服务方面，不仅加强售后服务，还要增加对相关农户以及全村村民的利益分配，实现利益共享。可以说，YR专业农场的设立，在经营者C的带领下巩固了农村三产融合发展基础；CX专业农场的设立，在经营者J的带领下形成了农村三产融合发展基础。同时，YR、CX两个专业农场为培育发展农业产业化联合体奠定了良好基础。

形成生产、加工、销售、服务一体化的经营，不仅对农产品加工厂、专业合作社、专业农场有利，而且对农民也有利，最终直接影响区域经济的发展。处于生产环节中的专业农场，将成为延边州发展现代农业的重要载体。

通过专业农场的设立，经营者C巩固了农业生产经营的基础，经营者J开始进行农业生产经营，开创了新局面。缺乏农业生产经验的经营者J，在水稻生产上采用了经营者C的栽培技术。由于CX专业农场的设立，无公害标准化水稻生产示范基地内属于Q村的35公顷水田由经营者J管理，有利于经营者C对

Q 村部分的管理，因此在技术享有和生产管理方面，双方互利共赢。但是，随着 CX 专业农场农地流转价格的不断提高，希望加入 CX 专业农场的农户越来越多，再加上 M 村与 Q 村为邻村，因此有可能引发 YR、CX 两个专业农场间争夺农地的恶性竞争，竞争方式估计主要由农地流转价格竞争来体现，这将直接影响 YR 专业农场的经营状况。

第六章

专业农场的经营结构和课题

——以 Y 镇 YR、CX 两个专业农场的加入农户调查为例

第一节　调查概要

为了从加入农户的角度探讨延边州专业农场的经营结构和课题，2013 年 4~5 月，笔者对 YR、CX 两个专业农场的加入农户进行访问调查。农场从业人员相关总户数为 YR 专业农场 11 户、CX 专业农场 10 户，其中在 YR、CX 两个专业农场中各调查了 9 户和 8 户，调查户数占农场从业人员相关总户数的比重各为 81.8%和 80.0%。普通加入农户为 YR 专业农场 238 户、CX 专业农场 83 户，其中在 YR、CX 两个专业农场中各调查了 24 户和 12 户，其调查户数占普通加入农户总户数的比重各为 10.1%和 14.5%。因为普通加入农户中存在大量外出务工的农户，因此所占的调查比重较低。概括来说，本章以农场从业人员 17 户（YR：9 户，CX：8 户）和普通加入农户 36 户（YR：24 户，CX：12 户）共 53 户为调查对象进行了访问调查。

本章根据对YR、CX两个专业农场的加入农户（农场从业人员和普通加入农户）的问卷调查，具体分析YR、CX两个专业农场的加入农户状况、对专业农场的满意度及综合评价、加入农户的未来意愿等方面的内容，探讨专业农场的经营结构和课题。

第二节 YR、CX两个专业农场的加入农户状况

在第五章第五节已做说明，在YR专业农场进行个别耕种的比重很高，除了3户转出农户外都进行个别耕种，尤其是农场从业人员的个别耕种比重很高，达到了100%，在YR专业农场的直接经营面积中包括农场从业人员个别耕种面积和共同经营面积。在CX专业农场进行个别耕种的比重很低，所有农场从业人员均未进行个别耕种，在CX专业农场直接经营面积就是农场从业人员共同经营管理面积，不包括加入农户的个别耕种面积。YR、CX两个专业农场在直接经营面积的经营管理模式上存在明显差异。

表6-1是YR、CX两个专业农场的加入农户（农场从业人员和普通加入农户）基本状况，是访问调查对象的基本状况的合计及平均值。YR专业农场的户均经营面积为农场从业人员中的管理人员13.7公顷、员工6.0公顷，普通加入农户中的转入农户4.9公顷、自作农户1.0公顷，农场从业人员与普通加入农户相比，开展大规模经营的程度更高，特别是农场管理人员的面积达到农场员工的2倍以上，约等于YR专业农场户均经营面

表 6-1 YR、CX 两个专业农场的加入农户基本状况

加入农户类型	YR 专业农场						CX 专业农场					
	农场从业人员		普通加入农户			合计、平均 (n=33)	农场从业人员		普通加入农户			合计、平均 (n=20)
	管理人员 (n=3)	员工 (n=6)	转出农户 (n=3)	转入农户 (n=17)	自作农户 (n=4)		管理人员 (n=3)	员工 (n=5)	转出农户 (n=8)	转入农户 (n=2)	自作农户 (n=2)	
年龄[①]	50	56	62.7	56.1	59.3	56.5	50.3	41	60.6	54.5	59.5	53.5
进行个别耕种农户数	3	6	0	17	4	30	0	0	0	2	2	4
外出务工农户数	2	3	3	11	3	22	2	3	6	1	0	12
户均经营面积（公顷）	13.7	6.0	0	4.9	1.0	5.0	0	0	0	5.9	2.5	0.9
水田（公顷）	8.1	4.4	0	3	0.7	3.2	0	0	0	3	0.8	0.4
旱田（公顷）	5.6	1.6	0	1.9	0.3	1.8	0	0	0	2.9	1.7	0.5
户均收入（元）	99333	65167	31667	37177	18500	45152	49333	29000	28125	39000	17250	31525
农业收入[②]	46000	21833	0	17118	4750	17546	0	0	0	21500	10750	3225
非农收入[③]	53333	43334	31667	20059	13750	27606	49333	29000	28125	17500	6500	28300

注：①年龄为调查农户户主的平均年龄。
②农业收入表示进行个别耕种所获得的收入。
③农场从业人员的非农收入主要是农场工资以及外出务工收入，普通加入农户的非农收入主要是外出务工收入。
资料来源：根据 YR、CX 两个专业农场的加入农户访问调查整理。

积的 3 倍。CX 专业农场中转入农户和自作农户的户均经营面积分别为 5.9 公顷和 2.5 公顷，均大于 YR 专业农场的 4.9 公顷和 1.0 公顷。整体来看，户均经营面积中 YR 专业农场的水田面积大于旱田面积，而 CX 专业农场则相反。

YR、CX 两个专业农场中在外出务工农户较多，尤其是去高收入的韩国或国内韩国相关企业打工的较多，因此大多数农户的非农收入大于农业收入。在户均农业收入方面，YR、CX 两个专业农场分别为 17546 元/户、3225 元/户，差距非常明显，整整相差 5 倍之多。特别是从 YR、CX 两个专业农场的农场从业人员的收入比较中可以看出，是否进行个别耕种，直接影响户均收入。YR 专业农场的管理人员和员工的户均收入分别为 99333 元/户、65167 元/户，CX 专业农场则分别为 49333 元/户、29000 元/户，收入差距明显。YR 专业农场管理人员的户均收入是 CX 专业农场管理人员的户均收入的 2 倍左右，YR 专业农场员工的户均收入是 CX 专业农场员工户均收入的约 2.25 倍。

第三节 对 YR、CX 两个专业农场的满意度及综合评价

一、对 YR、CX 两个专业农场的满意度

表 6-2 是个别耕种农户对 YR、CX 两个专业农场的满意状况。YR、CX 两个专业农场的个别耕种农户（YR 专业农场 30

户、CX专业农场4户）对“农业生产资料（种子、农药、肥料的价格和质量）”“销售状况（销路、单价）”的满意度高，尤其是对“销路”的满意度达到100%，表示非常满意。与此相比，对“农场设备、机械（租赁费、性能）”“农业作业技术的共享（栽培技术指导、农业机械操作指导）”的满意度相对较低。

表6-2　进行个别耕种的农户对YR、CX两个专业农场的满意度（%）

满意度＼项目		农业生产资料		农场设备、机械		农业作业技术的共享		销售状况	
		价格	质量	租赁费	性能	栽培技术指导	农业机械操作指导	销路	单价
YR专业农场（n=30）	非常满意	93.30	100.00	86.70	73.30	70.00	60.00	100.00	93.30
	比较满意	6.70	0	6.70	20.00	23.30	33.30	0	6.70
	一般	0	0	6.70	3.30	6.70	3.30	0	0
	比较不满意	0	0	0	3.30	0	3.30	0	0
	非常不满意	0	0	0	0	0	0	0	0
CX专业农场（n=4）	非常满意	50.00	75.00	50.00	50.00	25.00	25.00	100.00	75.00
	比较满意	50.00	25.00	25.00	25.00	25.00	25.00	0	25.00
	一般	0	0	25.00	25.00	50.00	50.00	0	0
	比较不满意	0	0	0	0	0	0	0	0
	非常不满意	0	0	0	0	0	0	0	0

资料来源：根据YR、CX两个专业农场的加入农户访问调查整理。

二、对YR、CX两个专业农场的综合评价

表6-3是对YR、CX两个专业农场的综合评价，分为“农业作业相关的评价”和“非农业作业相关的评价”。其中，“农业作业相关的评价”的调查对象为进行个别耕种的农户（YR专业农场30户、CX专业农场12户）。在YR、CX两个专业农场半数以上的加入农户都对“通过大量购买农机具，促进农业机

表 6–3 加入农户对 YR、CX 两个专业农场的综合评价（多项选择）

加入农户类型 \ 项目			农业作业相关的评价[1]					非农业作业相关的评价		
			通过大量购买农机具，促进农业机械化	通过机械及设施的共同利用，提高农业作业效率	通过农地集聚，具备了大规模经营条件	经营者实现生产、加工、销售、服务一体化经营，消除了农民对产品销路的担心	通过增加设备、机械以及农业作业技术的共享，提高栽培技术	便于寻找农地转出、转入对象	农地转出、转入得到保障	其他（对农场内就业、工资的满意度，农地流转价格等）
YR专业农场	农场从业人员（n=9）		8	7	7	1	6	7	7	9
		管理人员（n=3）	3	2	3	0	3	2	3	3
		员工（n=6）	5	5	4	1	3	5	4	6
	普通加入农户（n=24）		18	13	10	11	5	19	15	1
		转出农户（n=3）	—	—	—	—	—	3	3	0
		转入农户（n=17）	15	12	10	8	4	16	12	0
		自作农户（n=4）	3	1	0	3	1	0	0	1
	合计（n=33）		26	20	17	12	11	26	22	10
	比重（%）[2]		86.7	66.7	56.7	40.0	36.7	78.8	66.7	30.3

续表

加入农户类型 \ 项目			农业作业相关的评价[①]					非农业作业相关的评价		
			通过大量购买农机具，促进农业机械化	通过机械及设施的共同利用，提高农业作业效率	通过农地集聚，具备了大规模经营条件	经营者实现生产、加工、销售、服务一体化经营，消除了农民对产品销路的担心	通过增加设备、机械以及农业作业技术的共享，提高栽培技术	便于寻找农地转出、转入对象	农地转出、转入得到保障	其他（对农场内就业、工资的满意度，农地流转价格等）
CX专业农场	农场从业人员（n=8）		6	5	6	5	4	8	8	8
		管理人员（n=3）	3	3	3	3	3	3	3	3
		员工（n=5）	3	2	3	2	1	5	5	5
	普通加入农户（n=12）		4	3	4	3	3	10	12	8
		转出农户（n=8）	—	—	—	—	—	6	8	8
		转入农户（n=2）	2	1	2	2	1	2	2	0
		自作农户（n=2）	2	2	2	1	2	2	2	0
	合计（n=20）		10	8	10	8	7	18	20	16
	比重（%）[②]		83.3	66.7	83.3	66.7	58.3	90.0	100.0	80.0

注：①“农业作业相关的评价”的调查对象中排除转出农户。

②“农业作业相关的评价”的加入农户总数为YR专业农场30户、CX专业农场4户。

资料来源：根据YR、CX两个专业农场的加入农户访问调查整理。

械化”“通过机械及设施的共同利用，提高农业作业效率”“通过农地集聚，具备了大规模经营条件”等方面认可了专业农场的功能。另外，CX 专业农场半数以上的加入农户对“经营者实现生产、加工、销售、服务一体化经营，消除了农民对产品销路的担心”“通过增加设备、机械以及农业作业技术的共享，提高栽培技术”等方面也给予了认可。

“非农业作业相关的评价”的调查对象为所有的被调查农户。在 YR、CX 两个专业农场的大多数加入农户都对“便于寻找农地转出、转入对象”“农地转出、转入得到保障”等农地流转相关方面的评价很高。另外，YR、CX 两个专业农场的农场从业人员对“农场内就业、工资的满意度”评价很高，CX 专业农场的农地转出农户对目前 CX 专业农场所支付的农地流转价格非常满意。

第四节　YR、CX 两个专业农场加入农户的未来意愿

表 6–4 是 YR、CX 两个专业农场加入农户的未来意愿。在 YR 两个专业农场，“扩大个别耕种规模”“维持现在个别耕种规模”“缩小个别耕种规模”“离农”的比重分别为 30.3%、30.3%、9.1%、30.3%。持有“扩大、维持个别耕种规模”意愿的农户占 60.6%，共有 20 户，其中农场从业人员为 9 户，即所有农场从业人员只有“扩大或维持个别耕种规模”意愿，没有“缩小个别耕种规模”“离农”意愿。持有“缩小个别耕种规模”

“离农”意愿的农户占 39.4%，共有 13 户，均为普通加入农户。在 CX 专业农场，调查的 20 户加入农户中 18 户拥有“离农”的意愿，达到 90.0%，持有“扩大、维持个别耕种规模”意愿的农户各 1 户，其比重为 10.0%。

表 6-4　YR、CX 两个专业农场加入农户的今后进行个别耕种相关意愿

加入农户类型 \ 个别耕种意愿		扩大个别耕种规模	维持现在个别耕种规模	缩小个别耕种规模	离农	合计
YR 专业农场	农场从业人员（n=9）	5	4	—	—	9
	管理人员（n=3）	3	—	—	—	3
	员工（n=6）	2	4	—	—	6
	普通加入农户（n=24）	5	6	3	10	24
	转出农户（n=3）	—	—	—	3	3
	转入农户（n=17）	5	5	3	4	17
	自作农户（n=4）	—	1	—	3	4
	合计（n=33）	10	10	3	10	33
	比重（%）	30.3	30.3	9.1	30.3	100
CX 专业农场	农场从业人员（n=8）	—	—	—	8	8
	管理人员（n=3）	—	—	—	3	3
	员工（n=5）	—	—	—	5	5
	普通加入农户（n=12）	1	1	—	10	12
	转出农户（n=8）	—	—	—	8	8
	转入农户（n=2）	1	—	—	1	2
	自作农户（n=2）	—	1	—	1	2
	合计（n=20）	1	1	0	18	20
	比重（%）	5.0	5.0	0	90.0	100

资料来源：根据 YR、CX 两个专业农场的加入农户访问调查整理。

表 6-5 是 YR 专业农场加入农户持有个别耕种意愿的理由（多项选择）。“扩大个别耕种规模”的理由是“期待农业收入增加”“机械化大规模经营”“年轻”“对个别耕种有梦想（vision）”

表 6-5 YR 专业农场加入农户持有个别耕种意愿的理由（多项选择）

加入农户类型		期待农业收入增加	机械化大规模经营	年轻	对个别耕种有梦想（vision）	农地集聚轻松	有农业接班人	高龄	劳动力不足	外出务工	其他（在专业农场工作）
扩大个别耕种规模（n=10）	农场从业人员（n=5）	5	5	3	5	5	1	0	0	0	0
	管理人员（n=3）	3	3	1	3	3	1	—	—	—	—
	员工（n=2）	2	2	2	2	2	—	—	—	—	—
	普通加入农户（n=5）	5	4	5	5	3	1	0	0	0	0
	转出农户（n=0）	—	—	—	—	—	—	—	—	—	—
	转入农户（n=5）	5	4	5	5	3	1	—	—	—	—
	自作农户（n=0）	—	—	—	—	—	—	—	—	—	—
	合计（n=10）	10	9	8	10	8	2	0	0	0	0
	比重（%）	100.0	90.0	80.0	100.0	80.0	20.0	0.0	0.0	0.0	0.0
维持现在个别耕种规模（n=10）	农场从业人员（n=4）	4	4	0	0	0	0	3	4	0	2
	管理人员（n=0）	—	—	—	—	—	—	—	—	—	—
	员工（n=4）	4	4	—	—	—	—	3	4	—	2
	普通加入农户（n=6）	3	3	5	0	0	0	1	2	2	0
	转出农户（n=0）	—	—	—	—	—	—	—	—	—	—
	转入农户（n=5）	3	3	5	—	0	—	—	2	2	—
	自作农户（n=1）	—	—	—	—	—	—	1	—	—	—
	合计（n=10）	7	7	5	0	0	0	4	6	2	2
	比重（%）	70.0	70.0	0.0	0.0	0.0	0.0	40.0	60.0	0.0	20.0

续表

加入农户类型 \ 个别耕种意愿的理由			期待农业收入增加	机械化大规模经营	年轻	对个别耕种有梦想（vision）	农地集聚轻松	有农业接班人	高龄	劳动力不足	外出务工	其他（在专业农场工作）
缩小个别耕种规模（n=3）	农场从业人员（n=0）		0	0	0	0	0	0	0	0	0	0
		管理人员（n=0）	—	—	—	—	—	—	—	—	—	—
		员工（n=0）	—	—	—	—	—	—	—	—	—	—
	普通加入农户（n=3）		0	0	1	0	0	0	2	3	1	0
		转出农户（n=0）	—	—	—	—	—	—	—	—	—	—
		转入农户（n=3）	—	—	1	—	—	—	2	3	1	—
		自作农户（n=0）	—	—	—	—	—	—	—	—	—	—
	合计（n=3）		0	0	1	0	0	0	2	3	1	0
	比重（%）		0.0	0.0	33.3	0.0	0.0	0.0	66.6	100.0	33.3	0.0
离农（n=10）	农场从业人员（n=0）		0	0	0	0	0	0	0	0	0	0
		管理人员（n=0）	—	—	—	—	—	—	—	—	—	—
		员工（n=0）	—	—	—	—	—	—	—	—	—	—
	普通加入农户（n=10）		0	0	0	0	0	0	10	4	0	0
		转出农户（n=3）	—	—	—	—	—	—	3	—	—	—
		转入农户（n=4）	—	—	—	—	—	—	4	4	—	—
		自作农户（n=3）	—	—	—	—	—	—	3	—	—	—
	合计（n=10）		0	0	0	0	0	0	10	4	0	0
	比重（%）		0.0	0.0	0.0	0.0	0.0	0.0	100.0	40.0	0.0	0.0
合计（n=33）			17	16	14	10	8	2	16	13	3	2
比重（%）			51.5	48.5	42.4	30.3	24.2	6.1	48.5	39.4	9.1	6.1

资料来源：根据 YR 专业农场的加入农户访问调查整理。

“农地集聚轻松”等，其选择比重很高，均达到了 80.0%以上；选择“维持现在个别耕种规模”的理由是“期待农业收入增加”“机械化大规模经营”和在现实中所面临的“高龄”“劳动力不足”等方面的原因，即使对农业生产经营的积极性很高，也不得不维持现状。另外，部分农场从业人员在 YR 专业农场中可获得工资等非农收入也是维持现状的理由；选择“缩小个别耕种规模”的理由是“年轻”“高龄”“劳动力不足”“外出务工”等，尤其是“劳动力不足”的选择比重达到了 100%；普通加入农户选择“离农”的主要理由是“高龄”和“劳动力不足”，其中“高龄”的选择比重达到了 100%。

表 6-6 是 CX 专业农场加入农户持有个别耕种意愿的理由（多项选择）。被调查农户中只有 1 户转入农户持有“扩大个别耕种规模”的意愿，其理由是“期待农业收入增加”“年轻”“对个别耕种有梦想（vision）”等；只有 1 户自作农户持有“维持现在个别耕种规模”的意愿，其理由是“劳动力不足”；“离农”的理由是“高龄”“劳动力不足”“外出务工”“其他（在专业农场工作）”等，尤其是农场从业人员对“其他（在专业农场工作）”的选择比重达到了 100%。

第五节　小　结

本章以 YR、CX 两个专业农场为例，根据对 YR、CX 两个专业农场的加入农户（农场从业人员和普通加入农户）的问卷调查，具体分析了 YR、CX 两个专业农场的加入农户状况、对

表 6–6　CX 专业农场加入农户持有个别耕种意愿的理由（多项选择）

加入农户类型	个别耕种意愿的理由	期待农业收入增加	机械化大规模经营	年轻	对个别耕种有梦想（vision）	农地集聚轻松	有农业接班人	高龄	劳动力不足	外出务工	其他（在专业农场工作）
扩大个别耕种规模（N=1）	农场从业人员（n=0）	0	0	0	0	0	0	0	0	0	0
	普通加入农户（n=1）	1	0	1	1	0	0	0	0	0	0
	转入农户（n=1）	1	—	1	1	—	—	—	—	—	—
	合计（n=1）	1	0	1	1	0	0	0	0	0	0
	比重（%）	100.0	0.0	100.0	100.0	0.0	0.0	0.0	0.0	0.0	0.0
维持现在个别耕种规模（N=1）	农场从业人员（n=0）	0	0	0	0	0	0	0	0	0	0
	普通加入农户（n=1）	0	0	0	0	0	0	0	1	0	0
	自作农户（n=1）	—	—	—	—	—	—	—	1	—	—
	合计（n=1）	0	0	0	0	0	0	0	1	0	0
	比重（%）	0.0	0.0	0.0	0.0	0.0	0.0	0.0	100.0	0.0	0.0
离农（N=20）	农场从业人员（n=8）	0	0	0	0	0	0	0	1	2	8
	管理人员（n=3）	—	—	—	—	—	—	—	—	1	3
	员工（n=5）	—	—	—	—	—	—	—	1	1	5
	普通加入农户（n=10）	0	0	0	0	0	0	9	4	0	0
	转出农户（n=8）	—	—	—	—	—	—	7	3	1	—
	转入农户（n=1）	—	—	—	—	—	—	1	1	—	—
	自作农户（n=1）	—	—	—	—	—	—	1	—	—	—
	合计（n=18）	0	0	0	0	0	0	9	5	3	8
	比重（%）	0.0	0.0	0.0	0.0	0.0	0.0	50.0	27.8	16.7	44.4
合计（n=20）		1	0	1	1	0	0	9	6	3	8
比重（%）		5.0	0.0	5.0	5.0	0.0	0.0	45.0	30.0	15.0	40.0

资料来源：根据 CX 专业农场的加入农户访问调查整理。

专业农场的满意度及综合评价、加入农户的未来意愿等方面的内容，从加入农户的角度探讨延边州专业农场的经营结构和课题。

如表 6-1 所示，YR、CX 两个专业农场都存在进行个别耕种的农户，专业农场经营状况处于“双层经营结构”，其中不少农户的个别耕种面积已达到了一定规模（5 公顷）。但是，在 YR 专业农场，直接经营面积分为农场从业人员个别耕种面积和共同经营面积；在 CX 专业农场，直接经营面积由农场从业人员共同经营。YR 专业农场是在图们市 Y 镇率先形成水稻生产、加工、销售、服务一体化经营的基础上由经营者 C 设立的，农场从业人员主要由身兼大规模农户和村干部的 YR 专业合作社核心成员以及村内招聘的专业技术人员构成；而 CX 专业农场是由经营者 J 设立，经营者 J 一直专注于农产品加工，形成水稻和大豆加工、销售的基础，自 2011 年设立 CX 专业农场后才正式开展了具有一定规模的水稻生产，积极转入农地，逐渐实现农地集聚，农场从业人员主要由 CX 专业合作社主要成员以及村内招聘的专业技术人员构成。可以看出，YR、CX 两个专业农场有着不同的设立基础，这也是 YR、CX 两个专业农场在直接经营面积的经营管理管理模式上形成明显差异的原因。另外，整个农场的规模（面积、加入农户）以及专业农场的经营理念之差也会产生影响。结合第五章的表 5-9 可以看出，在 YR 专业农场“双层经营结构”状态持续存在的可能性较大，而在 CX 专业农场一定程度上实现了农场从业人员直接经营面积与普通加入农户的个别耕种面积的明确划分，加上持有“离农”意愿加入农户的比重很高，因此短期内将实现由“双层经营结构”转变成“统一经营管理”的模式。

如表 6-2 所示，YR、CX 两个专业农场的个别耕种农户对

“农业生产资料（种子、农药、肥料的价格和质量）”“销售状况（销路、单价）”的满意度高，对“农场设备、机械（租赁费、性能）”“农业作业技术的共享（栽培技术指导、农业机械操作指导）”的满意度相对较低。YR专业农场的90%以上的个别耕种农户对所有项目选择了“非常满意”和“比较满意”，而且“非常满意”的比重远高于“比较满意”。而CX专业农场的个别耕种农户对所有项目满意度低于YR专业农场，特别是“农场设备、机械（租赁费、性能）”“农业作业技术的共享（栽培技术指导、农业机械操作指导）”的满意度低，这是因为经营者J设立CX专业农场后才开始农业生产，欠缺对农业生产相关的技术和经验，也有可能受到重视直接经营的CX专业农场经营管理模式的影响。

如表6-3所示，加入农户从农地流转、农业作业条件以及技术提高等方面认可了专业农场的功能。尤其是在非农业作业相关的评价中加入农户对CX专业农场的评价很高。为了在确保精米加工厂的原料来源的同时提高农业生产率，农业生产基础比较薄弱的CX专业农场大幅提高了农地流转价格，因此除了普通加入农户中的转入农户和自作农户的所有加入农户对农地流转价格非常满意，直接影响到非农业作业相关的评价。总的来说，对YR、CX两个专业农场的满意度和综合评价都很高，但对专业农场设备、机械增加以及农业作业技术的共享等方面有待改善。

如表6-4所示，YR、CX两个专业农场的个别耕种农户对今后进行个别耕种相关意愿可分为“扩大个别耕种规模”“维持现在个别耕种规模”“缩小个别耕种规模”“离农”四类。在YR专业农场里持有“扩大、维持个别耕种规模”意愿的农户占

60.6%，远高于CX专业农场的比重。结合表6-2可以看出，YR、CX两个专业农场的个别耕种农户对今后进行个别耕种的相关意愿与进行个别耕种的农户对YR、CX两个专业农场的满意度之间存在着密切的关系。

从表6-5和表6-6可以看出，YR、CX两个专业农场“维持现在个别耕种规模”的理由是“劳动力不足”，“扩大个别耕种规模”的理由是“期待农业收入增加”“年轻”“对个别耕种有梦想（vision）”，“离农”的理由是“高龄”“劳动力不足”。另外，YR专业农场还存在持有“缩小个别耕种规模”意愿的个别耕种农户，其理由是“年轻”“高龄”“劳动力不足”“外出务工”等。总体而言，YR、CX两个专业农场农场加入农户持有不同的个别耕种意愿的主要原因在于“高龄”和“劳动力不足”。但是，由于加入农户对个别耕种的想法、意欲等意识的差异，即使加入农户具有“高龄”“劳动力不足”等同样的条件，也对个别耕种持有不同的意愿。不仅是农业从业人员中的管理人员和员工、普通加入农户中的转出农户、转入农户、自作农户五种立场不同农户的加入农户存在意识和意愿的差异，即使处于同样的立场的加入农户之间也根据各自的情况存在意识和意愿的差异。专业农场作为立足于延边州实际而量身定做的新型农业生产经营组织，将为推进延边州传统农业向现代农业的转变发挥重要作用。但目前的专业农场经营状况处于“双层经营结构”，因此，把握好加入农户的今后进行个别耕种相关意愿以及相应的具体的理由，才能提高总体专业农场的运营效率。

第七章

各章的概要与结论

我国实行家庭联产承包责任制，形成的 2 亿多承包农户，“大国小农”是我国的基本国情农情。农地零散的小农户经营难以实现适度规模经营，加上大量农村青壮年劳动力的流失难以确保农业生产经营人员数量及培育优质新型农业经营主体，因此，促进农地流转和培育新型农业经营主体成为重要课题。20 世纪 80 年代中期以来，政府和相关部门出台了农地流转及适度规模经营相应的法律、法规和政策予以指导和规范，但其效果并不明显。在国家政策的大力支持下，各地区新型农业经营主体实现了蓬勃发展，鼓励和支持承包土地向专业大户、家庭农场、农民合作社等新型农业经营主体流转。其中，“家庭农场”的概念是 2013 年首次在中央一号文件中出现。吉林省延边州作为与上海市松江区、湖北省武汉市、浙江省宁波市、安徽省郎溪市并列的全国五大发展范本之一，成功创立了“延边模式”——“专业农场”。本书阐述了延边州农地流转的实际情况，深度了解延边州农地流转重要手段的专业农场的状况，明确了专业农场的设立经过、发展过程及方向、经营结构和课题。另外，延边州专业农场的认定条件不同于全国农业部对家庭农场的认定条件，是基于当地实际而量身定做的新型农业生产经营组织，本书还针对这种独特的经营形态能否向全国普及推广作出了展望。

本章概括了各章的分析结果，总结了本书的结论，最后阐述了专业农场的今后发展展望。

第一节 各章的概要

第一章（绪论），主要包括论述研究背景、文献综述、研究内容与研究方法、研究构成等方面的内容。这一章指出了农地流转的重要性以及在延边州大力发展专业农场的必要性，整理了中日农地流转的相关研究及国内专业农场（家庭农场）的相关研究，在此基础上提出本书的主要内容，并说明相关研究课题与研究方法。

第二章（中国的农地流转和适度规模经营制度及延边州的专业农场），将中国农地流转和适度规模经营制度的变迁分为开始阶段（1984~1992 年）、确立阶段（1993~2001 年）、规范阶段（2002~2012 年）、创新阶段（2013 年至今），该章整理了各阶段的特征，并介绍了基于延边州实际而量身定做的新型农业生产经营组织——专业农场的相关政策。

第三章（农地流转的状况与课题——以 Y 镇 M 村和 Q 村农户调查为例），以图们市 Y 镇的 M 村和 Q 村为例，分析了农地流转的状况，并根据对转出农户、转入农户、自作农户三种不同立场农户的访问调查，对农地流转的意识和意愿进行了比较。

从农户对农地流转的意识上看，转出农户更重视外出务工的高收入，所以把农地转出给其他农户；转入农户更重视通过经营规模的扩大而增加的收入，所以转入其他农户的农地。可以看出，转出农户和转入农户双方的具体情况和不同的意识，是促进农地流转的重要因素。自作农户不转出农地的制约因素是，认为耕作经营收入大于农地流转价格，再加上因没有其他工作和就业机会，只能从事农业生产经营。自作农户不转入农地的制约因素是，认为农业生产成本高，劳动力和资金不足，农地流转价格高，年龄和健康状况等个人能力有限，考虑外出务工等。自作农户对于农地的转出和转入持有矛盾的意识，根据情况的变化可能转为转出农户或转入农户。

从转入农户转出农地意愿上看，农地面积在 5 公顷以上的农户在具备从事农业生产能力的期间没有将农地转出的意愿，但是若丧失耕作能力时可能转化成为转出农户。农地面积 5 公顷以下的农户出于“有其他工作”和“农地流转价格上升”等原因，即使有从事农业生产经营的能力，但也有外出务工的打算，持有将转出农地的意愿，加上由于农业收入相对不高以及高龄化等问题，这些转入农户有可能转化成为转出农户。

通过分析可以看出，该地区的农地流转存在不稳定性，因此，要维持稳定的农地流转状态，应以稳定性较强的组织为依托开展农地流转。

第四章（专业农场的状况与课题——以 Y 镇专业农场经营者意识调查为例），以 14 家专业农场为例，根据经营者设立农场的目的及经营意识，探讨了专业农场的状况与课题。

图们市 Y 镇专业农场经营类型可分为合作社转型或领办（5 家）和农民个人创办两种（7 家）；经营主体身份可分为村干部（7 人）和普通农户（7 人）两种。农地经营权以转包、出租、入股形式转入，承包权属于农地承包户。随着专业农场的成立，农户签订了10年期限的土地流转书面合同，有利于该地区的农地流转状况趋于稳定。因此，农地转出农户可以放心地从事本地区其他产业或外出务工，转入农地的农场经营者也可以制订更具战略意义的经营计划。近年来，农地流转价格和农业生产资料费用上涨，农业生产成本不断提高，专业农场经营者资金负担增大，但依靠倾斜于专业农场的优惠扶持政策，可以购买大量的农机具，从而实现了机械化耕作，并且一定程度上解决了农地分散问题。农场管理者并没有直接经营属于农场范围内的所有耕地，但在专业农场中农场经营者直接经营的部分在一定程度上已形成了大规模经营。加入专业农场中的个别耕种农户接受农场经营者的指示和统一管理，可以免费或低价租借专业农场的农机具，从而改变了单纯依靠经验进行农业生产经营的模式，大幅提高了农业生产经营效率。

另外，也面临着 亟待解决的课题。向专业农场倾斜的优惠扶持政策，有力地促进了延边州专业农场的快速发展。经营者非常注重各级政府及相关部门对专业农场的优惠扶持政策。为了获得对专业农场有利的政府政策，经营者往往急速流转农地以达到政策所要求的农场规模，而在实际经营中依然维持农户个别耕种的现状，虽然实现了土地流转，却未伴随土地流转而形成规模效益的专业农场也大量存在。因此，为实现延边州专业农场的可持续发展，需要提高享受优惠政策的专业农场评定标准。

第五章（专业农场的发展过程与开展方向——以Y镇YR、CX两个专业农场为例），以YR、CX两个专业农场为例，探讨了农场经营者和加入农户的意识及经营结构，分析了经营内部的问题；厘清两个专业农场实现农产品生产、加工、销售、服务一体化模式的发展过程和经营者意识，分析两个专业农场的关系，初步探讨了今后延边州专业农场的发展方向。

YR、CX 两个专业农场在经营者 C 与 J 的带领下，经历了农产品加工厂—专业合作社—专业农场的变迁过程，最终形成了农产品生产、加工、销售、服务一体化模式经营，并开始实现农村三产融合和农业产业化联合体的发展。

YR 专业农场的经营者 C，长期以来注重农地集聚、水稻生产及加工问题，并对水稻生产的整个过程严格执行“六个统一”。从 2004 年开始持续向无公害标准化水稻生产示范基地内的农户提供农业生产材料；2009 年设立 YR 专业合作社与基地农户签订合同，确保了精米加工厂的原料；2010 年设立 YR 专业农场，此后直接经营面积逐渐扩大，进一步确保了精米加工厂的原料来源的同时提高了农业生产率。CX 专业农场的经营者 J，长期以来注重加工农产品加工，2009 年设立 CX 专业合作社之前是以大豆加工为主、大米加工为辅，设立 CX 专业合作社之后扩大了大米加工范围；2011 年设立 CX 专业农场后才正式开展了具有一定规模的水稻生产，积极转入农地，逐渐实现农地集聚，确保了精米加工厂的原料，农产品加工以大米为主、大豆为辅。YR、CX 两个专业农场的设立，有利于经营者 C 和 J 确保加工原料。

YR、CX 两个专业农场都包括农场经营者、员工直接经营的面积和由农户个别耕种的面积，农场经营状况处于“双层经营结构”。从经营者和加入农户的关系看，YR、CX 两个专业农场都有积极地进行个别耕种的农户，其中也存在持有长时间（5 年以上）进行个别耕种意愿的农户。随着专业农场的设立，农业生产基础条件得到改善，这些少数加入农户的农业生产经营的积极性进一步提高，因此，“双层经营结构”状态持续存在的可能性较大。

但是，YR、CX 两个专业农场的直接经营面积逐年扩大，随之农地集聚度逐年提高，其理由为确保加工原料和提高农业生产率，经营者将会持续关注直接经营面积及农地集聚度问题。由于 YR 专业农场的农地转入农户和自作农户，随着年龄的增长以及外出务工，将逐渐退出农业生产领域，所以这部分的面积将由 YR 专业农场直接经营。由于 CX 专业农场的农业生产基础比较薄弱，经营者 J 在农业生产方面的经验较少，在确保加工原料问题上受到一定的限制，因此，为打破这一局面，设定了高额的农地流转价格，极力扩大 CX 专业农场规模。由表 5-6 所示的水稻和玉米平均纯利润差距上可以看出，YR、CX 两个专业农场今后对水田的转入竞争会更加激烈。经营者 J 虽然在大豆油加工上有优势，但就目前情况来看由于水稻与旱田农作物的收益存在很大差距，因此，农地集聚将以水田为重点。

作为经营者，C 和 J 都重视“农地集聚、确保有效利用”，随着专业农场数的增加，农地流转的竞争会更加激烈。经营者 C 与 J 共同的“经营理念与理想”是通过农产品加工厂、专业合作社、专业农场三者结合的发展，在生产方面，实现大规模且统一的机械化生产，提高经营效率；在加工和销售方面，生产出高附加价值的高级加工商品，实现规模化、品牌化、差别化、融合化、国际化经营战略，提高收益；在服务方面，不仅加强售后服务，还要增加对相关农户以及全村村民的利益分配，实现利益共享。可以说，YR 专业农场的设立，在经营者 C 的带领下巩固了农村三产融合的发展基础；CX 专业农场的设立，在经营者 J 的带领下形成了农村三产融合的发展基础。同时，YR、

CX 两个专业农场为培育发展农业产业化联合体奠定了良好基础。

形成生产、加工、销售、服务一体化的经营，不仅对农产品加工厂、专业合作社、专业农场有利，而且对农民也有利，最终直接影响区域经济的发展。处于生产环节中的专业农场，将成为延边州发展现代农业的重要载体。

通过专业农场的设立，经营者 C 巩固了农业生产经营的基础，经营者 J 开始进行农业生产经营，开创了新局面。缺乏农业生产经验的经营者 J，在水稻生产上利用经营者 C 的栽培技术。由于 CX 专业农场的设立，无公害标准化水稻生产示范基地内属于 Q 村的 35 公顷水田由经营者 J 来管理，有利于经营者 C 对 M 村部分的管理，因此在技术享有和生产管理方面，双方互利共赢。但是，随着 CX 专业农场农地流转价格的不断提高，希望加入 CX 专业农场的农户越来越多，加上 M 村与 Q 村为邻村，因此有可能导致 YR、CX 两个专业农场间农地的竞争，估计主要由农地流转价格竞争体现，这将直接影响 YR 专业农场的经营状况。

第六章（专业农场的经营结构和课题——以 Y 镇 YR、CX 两个专业农场的加入农户调查为例），以 YR、CX 两个专业农场为例，根据对 YR、CX 两个专业农场的加入农户（农场从业人员和普通加入农户）的问卷调查，具体分析了 YR、CX 两个专业农场的加入农户状况、对专业农场的满意度及综合评价、加入农户的未来意愿等方面的内容，从加入农户的角度探讨延边州专业农场的经营结构和课题。

YR、CX 两个专业农场都存在进行个别耕种的农户，专业农场经营状况处于“双层经营结构”，其中不少农户的个别耕种面积已达到了一定规模（5 公顷）。但是，在 YR 专业农场，直接经营面积分为农场从业人员个别耕种面积和共同经营面积；在CX专业农场，直接经营面积由农场从业人员共同经营。YR专业农场是在图们市Y镇率先形成水稻生产、加工、销售、服务一体化经营的基础上由经营者C设立的，农场从业人员主要由身兼大规模农户和村干部的YR专业合作社核心成员以及村内招聘的专业技术人员构成；CX专业农场是由经营者J设立，经营者J一直专注于农产品加工，形成水稻和大豆加工、销售的基础，自2011年设立CX专业农场后才正式开展了具有一定规模的水稻生产，积极转入农地，逐渐实现农地集聚，农场从业人员主要由CX专业合作社主要成员以及村内招聘的专业技术人员构成。可以看出，YR、CX两个专业农场不同的设立基础，是YR、CX两个专业农场在直接经营面积的经营管理管理模式上形成明显差异的原因。另外，整个农场的规模（面积、加入农户）以及专业农场的经营理念之差也会产生影响。结合第五章第五节的表5-9可以看出，在YR专业农场"双层经营结构"状态持续存在的可能性较大，而在CX专业农场一定程度上实现了农场从业人员直接经营面积与普通加入农户的个别耕种面积的明确划分，加上拥有"离农"意愿的加入农户的比重很高，因此短期内将实现"双层经营结构"转变成"统一经营管理"的模式。

YR、CX两个专业农场的个别耕种农户对"农业生产资料（种子、农药、肥料的价格和质量）""销售状况（销路、单价）"的满意度高，对"农场设备、机械（租赁费、性能）""农业作业技术的共享（栽培技术指导、农业机械操作指导）"的满意度相对较低。YR专业农场的90%以上的个别耕种农户对所有项目选择了"非常满意"和"比较满意"，而且"非常满意"的比重远高于"比较满意"。而CX专业农场的个别耕种农户对所有项目满意度低于 YR 专业农场，特别是“农场设备、机械（租赁费、性能）”“农业作业技术的共享（栽培技术指导、农业机械操作指导）”的满意度低，这是因为经营者 J 设立 CX 专业农场后才开始农业生产，欠缺对农业生产相关的技术和经验，也有可能受到重视直接经营的 CX 专业农场经营管理模式的影响。

加入农户从农地流转、农业作业条件以及技术提高等方面认可了专业农场的功能。尤其是在非农业作业相关的评价中加入农户对 CX 专业农场的评价很高。为了在确保精米加工厂的原料来源的同时提高农业生产率，农业生产基础比较薄弱的 CX 专业农场大幅提高了农地流转价格，因此除了普通加入农户中的转入农户和自作农户的所有加入农户对农地流转价格非常满意，直接影响到非农业作业相关的评价。总的来说，对 YR、CX 两个专业农场的满意度和综合评价都很高，但对专业农场设备、机械增加以及农业作业技术的共享等方面有待改善。

YR、CX 两个专业农场的个别耕种农户对今后进行个别耕种相关意愿可分为“扩大个别耕种规模”“维持现在个别耕种规模”“缩小个别耕种规模”“离农”四类。在 YR 专业农场里拥有“扩大、维持个别耕种规模”意愿的农户占 60.6%，远高于 CX 专业农场的比重。结合表 6-2 可以看出，YR、CX 两个专业农场的个别耕种农户对今后进行个别耕种的相关意愿与进行个别耕种的农户对 YR、CX 两个专业农场的满意度之间存在着密切的关系。

YR、CX 两个专业农场“维持现在个别耕种规模”的理由是“劳动力不足”，“扩大个别耕种规模”的理由是“期待农业收入增加”“年轻”“对个别耕种有梦想（vision）”，“离农”的理由是“高龄”“劳动力不足”。另外，YR 专业农场还存在持有“缩小个别耕种规模”意愿的个别耕种农户，其理由是“年轻”“高龄”“劳动力不足”“外出务工”等。总体而言，YR、CX 两个专业农场农场加入农户持有不同的个别耕种意愿的主要原因在于“高龄”和“劳动力不足”。但是，由于加入农户对个别耕种的想法、积极性等意识的差异，即使加入农户具有“高龄”“劳动力不足”等同样的条件，也对个别耕种持有不同的意愿。不仅是农业从业人员中的管理人员和员工、普通加入农户中的转出农户、转入农户、自作农户五种立场不同农户的加入农户存在意识和意愿的差异，即使处于同样的立场的加入农户之间也根据各自的情况存在意识和意愿的差异。专业农场作为基于延边州实际而量身定做的新型农业生产经营组织，将为推进延边州传统农业向现代农业的转变发挥重要作用。但目前的专业农场经营状况处于“双层经营结构”，因此，把握好加入农户的今后进行个别耕种相关意愿以及相应的具体的理由，才能提高总体专业农场的运营效率。

第二节 结 论

基于各章节的分析结果，得出如下研究结论：

第一，在农地流转中农户的意识和意愿很重要。目前农村实行土地集体所有权、农户承包权和土地经营权“三权分置”。实行“三权分置”，是一项重大制度创新，坚持了土地集体所有权，稳定了农户承包权，放活了土地经营权，有利于促进农地流转和发展农业适度规模经营，加上中央和地方各级人民政府及有关部门对“三农”的优惠政策，提高了农户对农业生产的积极性。然而，我国的城乡之间、农业与非农产业之间存在较大差距，农业劳动力持续向劳动生产率和收入水平更高的非农产业和城镇地区转移。因此，要从事农业还是外出务工，很大程度上受农户的意识和意愿影响，而且这些选择直接影响到农地流转。如第一章的文献综述中指出，中国和日本两国农地流转主要以出租（转包）形式进行。农地流转受到交易成本、地域性、农业政策动向等诸多条件影响，因此在农地流转中农户的意识、行为非常重要。从第三章 M 村和 Q 村的事例可以看出，农地转出农户、转入农户、自作农户三种立场不同农户的意识和意原存在差异，并且直接关系到转入农户经营面积。转出农户和转入农户双方的具体情况和不同的意识促进了农地流转，而自作农户对于农地的转出和转入持有矛盾的意识，未能参与到农地流转中，但根据情况的变化，自作农户可能转为转出农户或转入农户。考虑延边州农地流转的复杂性，要进行长期、稳定的农地流转，有必要深度分析农户今后对农地流转的意愿。

第二，要维持稳定的农地流转状态，应以稳定性较强的组织为依托开展农地流转。如第一章的文献综述中指出，中国和日本两国的农地主要是通过大规模农户或农业生产经营组织进行流转，农户的农地流转不仅是经济行为，同时也是社会行为，容易受到所处状况的影响，因此农户的经济状况或主要社会关系发生变化时，其改变原有立场的可能性很高。从对第三章 M 村和 Q 村的农地转出农户、转入农户、自作农户三种立场不同农户的分析可以看出，各农户的情况和意识影响农地流转，根据所处状况的变化有可能转化为与现在不同的另一种立场的农户。农户之间的农地流转多为口头合同，且合同期也短，农地流转存在不稳定性，因此应以稳定性较强的组织为依托开展农地流转。随着专业农场的成立，加快了农地合理有序快速流转，并且与农户签订了10年期限的土地流转书面合同，稳定了该地区的农地流转。专业农场的发展，有效加快了延边州的农地流转进程。

第三，为实现专业农场的可持续发展，应提高享受优惠政策的专业农场评定标准。专业农场等新型农业生产经营组织转入农地时会考虑推进农业适度规模经营、提高农业生产率等问题，因此农地集聚的意愿较高。加上倾斜于专业农场等新型农业生产经营组织的优惠扶持政策，更加促进了农地的转入。从第四章对14家专业农场经营者的访问调查分析可以看出，专业农场经营者们很重视补贴政策。为了获得对专业农场的有利政府政策，往往以满足延边州规定的农场规模条件为目的急速转入农地，因此在实际经营中存在不少由农户个别耕种面积，结果不少农场还未实现随着农地流转形成的规模经营带来的规模效益。为了避免盲目性的经营，应建立择优综合评价指标体系，需要提高享受优惠政策的专业农场评定标准，享受相关优惠政策的对象应只限于已具备一定基础并具有发展前景的专业农场。

第四，为培养农业经营者，应建立资金、指导等方面的政府支援体系。从对第五章YR专业农场经营者C和CX专业农场经营者J的访问调查分析可以看出，经营者C和J带领各所属村里农户，各在M村与Q村设立了唯一的农产品加工厂，依据国家及各级政府的引导及相关政策先后设立了专业合作社与专业农场，经历了农产品加工厂—专业合作社—专业农场的变迁过程，最终形成了农产品生产、加工、销售、服务一体化模式经营，并开始实现农村三产融合和农业产业化联合体的发展。可以说，整个发展过程过于依赖经营者个人能力。因此，应建立资金、指导等方面的政府支援体系，重视农业经营者的培养，造就出懂农业、会经营、爱农村、爱农民、有文化、有领导能力的（Leadership）的农业接班人，并且积极培养新型职业农民。

第五，专业农场经营管理中加入农户对个别耕种的意识和意愿很重要。从第六章的对YR、CX两个专业农场的加入农户（农场从业人员和普通加入农户）的问卷调查分析可以看出，YR、CX两个专业农场都存在进行个别耕种的农户，专业农场经营状况处于“双层经营结构”，其中不少农户的个别耕种面积已达到了一定规模（5公顷），且不少农户持有“扩大个别耕种规模”“维持现在个别耕种规模”的意愿，影响专业农场实现“双层经营结构”转变成“统一经营管理”的模式的发展进程。不仅是农业从业人员中的管理人员和员工、普通加入农户中的转出农户、转入农户、自作农户五种立场不同农户的加入农户存在意识和意愿的差异，即使处于同样的立场的加入农户之间也由于各自的情况而存在意识和意愿的差异，因此专业农场经营管理中加入农户对个别耕种的意识和意愿很重要。

第六，加大政府对专业农场的财政、金融支持力度，加快农村三产融合和农业产业化联合体的发展。YR专业农场经营者C和CX专业农场经营者J的农业经营发展过程中可以看出，所经历的农产品加工厂—专业合作社—专业农场的变迁过程与政府的农业制度及政策息息相关，是“经营者自愿”与“政策性支持”相结合的结果。在经营者C与J的带领下，虽已形成了农产品生产、加工、销售、服务一体化模式经营，并开始实现农村三产融合和农业产业化联合体的发展，但其整体水平尚未成熟，依旧存在着一系列问题。从第六章的加入农户对 YR、CX 两个专业农场的满意度及综合评价里可以看出，对 YR、CX 两个专业农场的满意度和综合评价都很高，但对专业农场设备、机械增加以及农业作业技术的共享等方面有待改善。处于生产环节中的专业农场，对农民也有利，最终直接影响区域经济的发展，将成为延边州发展现代农业的重要载体。因此，为了进一步促进农村三产融合和农业产业化联合体的发展，政府应在提高享受优惠政策的专业农场评定标准的基础上，加大对专业农场的财政、金融支持力度，投入大量资金，用于基础设施建设、农业技术研发、政策补贴及奖励等。另外，M 村与 Q 村是邻村，经营者 C 和 J 都重视“农地集聚、确保有效利用”，并且主要的加工农产品为大米，因此，在生产、加工、销售、服务一体化模式经营中会导致激烈的竞争，增加了经营成本。政府应鼓励以镇或市以及更大级别为规模单位的农业经营组织的发展，加快培育农业产业化联合体，加强综合能力，提高品牌知名度及影响力，使地区农村三产融合整体升级，形成产业集群。

延边州通过建设专业农场，加快了农地流转，促进了机械化、规模化经营，提高了农业生产经营效率及农业生产经营者的积极性。

第三节　未来展望

本书分析对象的延边州图们市 Y 镇专业农场，经营类型可分为合作社转型或领办和农民个人创办两种，经营主体身份可分为村干部和普通农户两种。本书中主要分析了 YR、CX 两个专业农场，各自在村干部和返乡创业人员带领下，以专业合作社为母体而设立，最终形成了“农业生产”—“农产品加工”—“加工品销售”—“售后及增进村民福利等服务”的农产品生产、加工、销售、服务一体化模式经营，并开始实现农村三产融合和农业产业化联合体的发展。

专业农场是基于延边州实际而量身定做的新型农业生产经营组织，与家庭农场、专业合作社有很多相同之处，也有不少差异。家庭农场是以家庭成员为主要劳动力，经营土地有一定的规模要求，以农业收入为家庭主要收入来源的生产组织；专业合作社农民专业合作社是以农村家庭承包经营为基础，通过提供农产品的销售、加工、运输、贮藏以及与农业生产经营有关的技术、信息等服务来实现成员互助目的的组织，从成立开始就具有经济互助性；专业农场的主要业务是农业生产，且资格认定标准十分严格，大致有以下几条：①土地流转以双方自愿为原则，并依法签订土地流转合同；②专业农场经营规模为：水田、蔬菜和经济作物 30 公顷以上、旱田 50 公顷以上，土地经营相对集中连片；③土地流转时间达到 10 年以上（包括 10 年）；④投入规模：投入总额（包括土地流转费、农机具投入等）要达到 50 万元以上；⑤有符合创办专业农场发展的规划或章程。延边州依靠倾斜于专业农场的优惠扶持政策，可以购买大量的农机具，从而实现了机械化耕作，并且在一定程度上解决了农地分散问题，加入专业农场的农户可以免费或低价租借专业农场的农机具。

目前，我国户均农地经营规模为 7.8 亩，经营耕地 10 亩以下的农户有 2.1 亿户。在这种现实状况下，家庭农场、专业合作社等新型农业经营主体一直备受关注。截至 2018 年底，各级农业农村部门认定或备案的家庭农场近 60 万家，平均每个家庭农场的劳动力达 6.6 人，其中雇工 1.9 人；全国依法登记的农民合作社达 217.3 万家，实有入社农户超过 1 亿户，辐射带动全国近一半的农户。可以看出，农民合作社已成为把小农户引入现代农业发展轨道的重要力量。

但是，现阶段的专业合作社面临着如下问题点和需改善的课题（神田健策、大岛一二，2013）：第一，我国农业合作社虽然数量庞大，但从整体看，平均经营规模小，经济实力弱；第二，专业合作社对成员提供的业务不够充分，开展共同购买、共同销售业务的专业合作社较少；第三，专业合作社的运营体制和内部管理不健全；第四，没有实行“追求共同利益”，进行利润返还的合作社较少；第五，缺乏“协同思想”和人才；第六，农村合作金融组织的不完善。

与专业合作社相比，专业农场的专业性较强，专注于农业生产。YR 专业合作社与基地农户签订合同，按照“六个统一”种植，并向社员提供农机服务、技术交流和咨询服务，随着 YR 专业农场的设立，巩固了农业生产基础，提高了农业生产经营效率，扩大了生产、加工、销售、服务一体化经营模式，巩固了农村三产融合发展的基础，为培育发展农业产业化联合体奠定了良好基础，也提高了“H”品牌大米的知名度。而 CX 专业合作社自 2011 年设立 CX 专业农场后才开始了生产、加工、销售、服务一体化的农村三产融合和农业产业化联合体的发展。设立 CX 专业农场后才正式开展了具有一定规模的水稻生产，积极转入农地，逐渐实现农地集聚，注册“G”牌商标，扩大了精米加工。YR 专业合作社和 YR 专业农场经营者 C 与

CX 专业合作社和 CX 专业农场经营者 J，对农业生产经营的积极性都很高，对所属村做出贡献的意愿也高，同时对与专业合作社、专业农场相关农户增进福利等“追求共同利益”的意识也高。

我国已设立了数量极为庞大的专业合作社，其中大量的合作社已进行订单种植或者持有相关的意愿，在这些专业合作社设立类似于专业农场等专门性较高的农业组织可能性较高。农业经营者通过农地流转扩大农业生产经营规模、农地集聚的意识和意愿很强烈。高效、稳定的农业生产经营是形成生产、加工、销售、服务一体化经营的第一步。2020 年 2 月 5 日发布的中央一号文件《中共中央、国务院关于抓好“三农”领域重点工作确保如期实现全面小康的意见》中，有一部分专门聚焦保障重要农产品有效供给和促进农民持续增收。文中提出，重点培育家庭农场、农民合作社等新型农业经营主体，培育农业产业化联合体，通过订单农业、入股分红、托管服务等方式，将小农户融入农业产业链。倾斜于农业经营组织等大规模经营体为主的优惠政策的背景下，有可能涌现出懂农业、会经营、爱农村、爱农民、有文化、有领导能力的（Leadership）的农业接班人。

吉林省延边州作为与上海市松江区、湖北省武汉市、浙江省宁波市、安徽省郎溪市并列的全国五大发展范本之一，成功创立了“延边模式”——“专业农场”。根据中共延边州委州人民政府 2011 年发布的《中共延边州委州人民政府关于发展专业农场促进土地流转加快推进城镇化的若干意见》，专业农场是农村种田大户或合伙人或城乡法人或自然人，通过承租农民自愿流转的承包田创办的土地集中经营的组织形式。专业农场的类型[①] 包括个体工商户专业农场、个人独资企业专业农场、合伙企业专业农场、公司专业农场以及其他企业法人的专业农场。专业农场与家庭成员为主要劳动力的家庭农场相比，农场主的身份以及类型更丰富，与综合性性质较强的专业合作社相比专业性更强，专注于农业生产，业务范围为农地流转、集中，水稻、玉米种植及向农户提供农机具利用服务。从 YR、CX 两个专业农场的事例中可以看出，在现有的专业合作社的基础上，加强农业生产业务或者设立新的组织，可以加快生产、加工、销售、服务一体化的农村三产融合和农业产业化联合体的发展。因此，基于延边州实际而量身定做的新型农业生产经营组织——“专业农场”，尤其是依托数量庞大的专业合作社而设立的合作社转型或领办的专业农场向全国普及推广的可行性较高。

① 专业农场经营类型也可以分为农民个人创办、非农创办、农民合伙创办、企业创办、农民合伙合作社转型或领办。

附　录[①]

调查表 1　农地流转的情况与农户意识、意愿调查

姓名：______　　　年龄：满____周岁

学历：______　　　一般农户　或者　村干部

所属村：________________________________

一、农户基本情况

1. 家庭承包地面积________公顷，人均面积________公顷。

2. 家族成员____人，男性____人，女性____人；农业从事人员____人，非农业从事人员____人，满 16 周岁以下____人。

3. 有外出务工经验的家族成员____人。

---

① 调查表分为日文版、中文版、朝文版，日文版和韩文版可向作者索取。

4. 家族成员中村干部人数____人（无村干部时不需要选择第5题）。

5. 担任职务：

①村长；②党支部书记；③村会计；④村民小组组长

6. 家庭年收入_____元，其中农业收入_____元，非农业收入_____元。

二、农地经营条件、成本

1. 承包地及农地经营状况（单位：公顷）

	①承包面积	②农地转出面积	③农地转入面积	④农地经营面积（④=①-②+③）
水田				
旱田				

2. 农业生产成本：________元：

（农地流转价格_____元，种子_____元，肥料_____元，农药_____元，人力成本_____元，机械使用费_____元）

3. 近年来从事农业的收入变化：

①大幅增加；②稍微增加；③没有变化；④稍微减少；⑤大幅减少

4. 农业生产中机械化程度：

①大部分；②一部分；③少量；④无

5. 今后对承包地的计划：

①只经营承包地；②农户间农地流转；③向专业农场转出；④放弃农地承包经营权迁到城市；⑤其他____________________

____

6. 农户在农业生产过程中面临的主要困难：______________

____

三、农地流转情况

（说明：转出农户请回答 1~12，转入农户请回答 13~22，自作农户请回答 23~27）

（一）农地转出情况

1. 农地转出面积及农地流转价格。

农地构成	面积（公顷）	农地流转合同期限	农地流转价格（元/年）	农地流转方式
水田				
旱田				

（流转方式：①转包；②出租；③互换；④转让；⑤其他______________________________）

2. 转出农地的原因（多项选择）：

①农业经营收入低，不稳定；②外出务工收入高；③农业生产成本高；④失去从事农业的意愿；⑤年龄和健康状况等个人能力有限；⑥手续相对简单（口头合同等）；⑦农地分散；⑧因子女教育问题搬到城市；⑨其他______________________

3. 农地转出对象：

①同一个小组；②本村其他小组；③本乡镇其他村；④其他乡镇；⑤其他______________________________

4. 获取农地流转相关信息渠道：

①亲朋好友的介绍；②村干部的介绍；③个人访问；④其他____________________

5. 农地流转合同形式：

①口头；②正式书面；③其他____________________

6. 合同期限内想回收转出农地希望进行农业生产时：

①双方协议；②强行回收；③依据合同处理；④其他____________________

7. 享受政府各种农业补贴的对象是：

①转出农户；②转入农户；③其他____________________

8. 进行农地流转时认为需要改善的是：

①手续简化；②手续规范化；③其他____________________

9. 转出农地最担忧的是____________________

10. 农地转出的契机及开始时间____________________

11. 决定外出务工时，如何获取工作单位的信息？____________________

12. 打算在外地工作到什么时候？之后在哪儿定居？做什么？

____

（二）农地转入情况

13. 农地转入面积及农地流转价格。

农地构成	面积（公顷）	农地流转合同期限	农地流转价格（元/年）	农地流转方式
水田				
旱田				

（流转方式：①转包；②出租；③互换；④转让；⑤其他________________）

14. 转入农地的原因（多项选择）：

①农产品价格稳定及上升趋势；

②大规模化生产可以增加收入；

③支农惠农政策的推行；

④从事农业生产的意愿强烈；

⑤手续相对简单（口头合同等）；

⑥其他________________

15. 农地转入对象：

①同一个小组；②本村其他小组；③本乡镇其他村；④其他乡镇；⑤其他________________

16. 获取农地流转相关信息渠道：

①亲朋好友的介绍；②村干部的介绍；③个人访问；④其他________________

17. 农地流转合同形式：

①口头；②正式书面；③其他________________

18. 合同期限内农地转出农户想回收农地进行农业生产时：

①双方协议；②强行保留；③依据合同处理；④其他________________

19. 享受政府各种农业补贴的对象是：

①转出农户；②转入农户；③其他________________

20. 进行农地流转时认为需要改善的是：

①手续简化；②手续规范化；③其他________________

21. 认为转入农地时最大的瓶颈是：

①合同短期化；②农地流转价格的上涨；③农地供给不足；

④其他______________________________

22. 转入农地进行农业生产经营时最担忧的是：__________

____

（三）只经营承包地的自作农户情况

23. 没有转出农地的主要原因（多项选择）：

①耕作经营收入大于农地流转价格；②没有其他收入来源；③手续相对复杂（书面合同等）；④只愿意短期转出农地，不愿意长期转出农地；⑤担忧养老，突发急事；⑥因农地转用引起的农地价格上升；⑦对农地承包权的保护意识强烈；⑧农地流转价格低；⑨其他______________________

24. 何种情况下可以考虑转出农地（意愿）

____

____

____

25. 没有转入农地的主要原因（多项选择）：

①农业生产成本高；②劳动力和资金不足；③农地流转价格高；④年龄和健康状况等个人能力有限；⑤考虑外出务工；⑥手续相对复杂（书面合同等）；⑦农业经营收入低，不稳定；⑧失去从事农业的意愿；⑨农地分散；⑩其他______________

26. 何种情况下可以考虑转出农地（意愿）

____

27. 您认为合理的农地流转价格是水田______元/公顷，旱田______元/公顷。

调查表2　关于农地流转和专业农场经营情况的经营者调查

专业农场名称：________________________

所属村：________________________________

农场经营者：_________周岁　　普通农户　或者　村干部

1. 设立时间：_____年_____月

2. 设立主体：①农户；②村民小组；③村民委员会；④合作社；⑤龙头企业；⑥其他____________________________________

3. 经营形态：

①大规模农户；②合作社转型或领办（共同农场）；③股份制农场；④企业法人农场

4. 专业农场转入农地的渠道：

①村民委员会召集村民会议；②发放农地转入宣传资料和张贴海报；③经营者游说；④其他_____________________________

5. 农地转入对象范围：

①村民小组内；②村内；③村内外；④镇内；⑤其他______

____

6. 拥有农地所有权的农村集体经济组织是：

①村民委员会；②；村民小组；③乡镇；④其他__________

____

7. 享受有关农地的政府补贴对象是：

①农地转出农户；②农地转入农户；③专业农场；④其他

8. 合同期限内农地转出农户（现在不从事农业）想回收农地进行农业生产时：

①允许在农户的承包地耕作；②允许在从农场转入的农地（农场指定的地方）里耕作；③不允许

9.专业农场的经营面积情况（2011 年）：

①水田（水稻）：______公顷；②旱田：______公顷（玉米______公顷，大豆______公顷，其他______公顷）

10. 专业农场农地的地块数：______块、其中直接经营部分的地块数：______块。

11. 专业农场产值：

①水田（水稻）：_____元；②旱田：_____元（玉米_____元，大豆_____元，其他_____元）

12. 农作物销售额：

①水田（水稻）：_____元；②旱田：_____元（玉米_____元，大豆_____元，其他_____元）

13. 生产经费：

①农地流转价格_____元（水田_____元，旱田_____元）；

②农业生产资料_____元（种子_____元，肥料_____元，农药_____元）；

③人力成本（员工_____元，临时雇佣_____元）；

④农机具、设备_____元；

⑤其他_____元

14. 农地流转情况（2011 年）：

		农户数（户）		面积（公顷）		农地流转价格（元/公顷）	
		水田	旱田	水田	旱田	水田	旱田
农地流转方式	合计						
	转包						
	出租						
	股份合作						
	其他						
农地流转期间	合计						
	1 年						
	2~5 年						
	6~10 年						
	10 年以上						
支付方式	1 年 1 付						
	3~5 年 1 付						
	5 年以上 1 付						

15.设立专业农场的理由（最多选 3 项）：

①谋求农地集聚，实现大规模经营；②保护所属村的农地，有效利用农地，对所属村做出贡献；③支农惠农政策；④生产“安全安心”的高品质农产品；⑤拥有开拓国内外市场的理想

16. 经营者的专业农场经营意识（多项选择，最多选 5 项）：

①关注农业政策的变化；②国内外先进事例的视察；③制定目标和战略计划；④筹措资金，购入资材相关方面的管理；⑤机械化种植、生产管理；⑥从业人员的人才管理，接班人的培育管理；⑦销售和营销管理；⑧财务和会计管理；⑨商品差别化、品牌化，开发新商品；⑩农场成长的管理方法；⑪其他：____________________

17. 对于村外人员在您所属的村或镇设立专业农场：

①赞成；②反对；③其他

其理由：____

18. 专业农场经营中的问题及课题（难点）（自由记述）

____

____

____

____

____

____

____

____

调查表 3　关于 YR、CX 两个专业农场的调查（经营者用）

专业农场名称：______________________

所属村：____________________________

农场经营者：________周岁　　普通农户　或者　村干部

一、专业农场的基本概况

1. 农场规模情况：

		合计（公顷）	水田（公顷）	旱田（公顷）				其他（公顷）
					玉米	大豆	其他	
2011 年	全体							
	直接经营面积							
2012 年	全体							
	直接经营面积							
2013 年	全体							
	直接经营面积							

2. 销售情况：

（1）未加工农作物。

品目 \ 销售方式	通过专业农场经营者销售（销售单价：元/吨，销售额：元）	农户个别直销（面积：公顷）

（2）通过专业农场经营者加工品销售（销售单价：元/吨，销售额：元）。

品目 \ 销售方式		订单销售	市场直接销售	市场批发销售	其他
精米	销售单价				
	销售额				
	销售单价				
	销售额				
	销售单价				
	销售额				

3. 2011 年总收入：_____万元（农产品销售额：_____万元，其他：_____万元）

2012 年总收入：_____万元（农产品销售额：_____万元，其他：_____万元）

2013 年总收入：_____万元（农产品销售额：_____万元，其他：_____万元）

4. 设立以来总投资情况（直接经营部分）。

年份	农地流转价格	农业生产资料					人力成本		工厂、仓库	农机具
		种子	肥料	农药	燃料	其他	正式员工	临时工		
2011										
2012										
2013										

5. 设立以来政府补贴及贷款状况。

	年份	中央政府	省政府	州政府	市政府	镇政府	其他
补贴	2011						
	2012						
	2013						
贷款	2011						
	2012						
	2013						

6. 农机具：①拖拉机______台；②耕耘机______台；③插秧机______台；④育苗机______台；⑤联合收割机______台；⑥防除机（植保机）______台；⑦干燥机______台；⑧其他______台。

7. 农用设施：____。

二、专业农场的结构及农业从事情况

1. 专业农场运营管理人数：______人，其中代表：______人，管理人员：______人。

运营管理体制：____。

农场的定期例会：①有（____周____次，____月____次，____年____次）；②无。

参加对象：①管理人员；②管理人员和村干部；③管理人员和农场内大规模农户；④管理人员和进行个别耕种的农户；⑤没有限制。

2. 农场管理人员的职责和每年从事农业天数。

职务	职责	从事农业天数

3. 直接经营中临时雇佣（农忙季节）：_____人，每年从事农业天数_____日，_____人/公顷。

4. 在农场进行个别耕种的农户数：_____户（自作农户_____户，转入农户_____户）。

在农场进行个别耕种的劳动力：_____人（自作农户劳动力_____人，转入农户劳动力_____人）。

5. 经营接班人：有_____人，年龄：_____岁，交接经营预计在_____年后。

与经营者的关系：________________________________。

三、专业农场对加入农户提供的服务情况

1. 种子、肥料、农药等农业生产资料的共同购买。

购买方：______________________________________。

2. 农场所有农机具的租赁和使用情况。

机械	数量	租赁费	租赁期间	性能	备注
拖拉机					
耕耘机					
插秧机					
育苗机					
联合收割机					
防除机（植保机）					
干燥机					
其他					

3. 农地利用的调整：________________________________。

4. 农业作业技术的指导：______________________________。

5. 农作物销路的解决：_______________________________。

6. 其他：_______________________________________。

四、专业农场经营者的经营意识及意愿

1. 经营理念与理想（多项选择，优先排序）：

①谋求农地集聚，有效利用农地；②实现大规模的机械化生产；③生产高附加值的加工商品；④保护所属村的农地，有利于所属村以及更大范围的发展，对所属村村民做出贡献；⑤供给“安全安心”的高品质农产品；⑥拥有竞争力，开拓国内外市场；⑦其他：________________________________

2. 经营者的专业农场经营意识（多项选择，只要符合都可以选）：

①关注农业政策的变化；②国内外先进事例的视察；③制定目标和战略计划；④筹措资金，购入资材相关方面的管理；⑤机械化种植、生产管理；⑥从业人员的人才管理，接班人的

培育管理；⑦销售和营销管理；⑧财务和会计管理；⑨商品差别化、品牌化，开发新商品；⑩农场成长的管理方法；⑪其他：________________

3. 今后扩大经营规模的意愿：①有；②维持现状；③没有；④其他________________

所选理由：________________

4. 由专业农场的设立而带来的整体经营变化：

①生产方面：________________

②销售方面：________________

③其他：________________

5. 农场经营中的面临的课题（问题、难点）：

①农地集聚相关问题：________________

②农业生产、经营、技术相关问题：________________

③融资相关问题：________________

④雇佣和劳务管理相关问题：________________

⑤农业会计、财务管理相关问题：________________

⑥农产品加工及销售相关问题：________________

⑦其他：________________

调查表4　关于YR、CX两个专业农场的调查（加入农户用）

填表人：＿＿＿＿＿＿＿＿＿＿　性别：＿＿＿＿＿＿＿＿＿＿

加入农场：＿＿＿＿＿＿＿＿＿　所属村：＿＿＿＿＿＿＿＿＿

农场加入期限：＿＿＿＿年

1. 加入农场中您的身份是：

①农场管理人员（职务＿＿＿＿＿＿＿）；②专业技术人员；③农场从业人员；④普通加入农户；⑤其他＿＿＿＿＿＿＿＿＿

2. 家族就业情况：

与户主关系	年龄	就职	工作地（从事非农产业的情况）
户主		①农业；②农业为主；③非农职业为主；④非农职业；⑤无业	①市内 ②市外（国内：＿＿＿＿　国外：＿＿＿）
		①农业；②农业为主；③非农职业为主；④非农职业；⑤无业	①市内 ②市外（国内：＿＿＿＿　国外：＿＿＿）
		①农业；②农业为主；③非农职业为主；④非农职业；⑤无业	①市内 ②市外（国内：＿＿＿＿　国外：＿＿＿）
		①农业；②农业为主；③非农职业为主；④非农职业；⑤无业	①市内 ②市外（国内：＿＿＿＿　国外：＿＿＿）
		①农业；②农业为主；③非农职业为主；④非农职业；⑤无业	①市内 ②市外（国内：＿＿＿＿　国外：＿＿＿）

3. 您家农业经营形态：

①专业农户（只有农业收入）；

②第一种兼业农户（农业收入 > 非农收入）；

③第二种兼业农户（农业收入 < 非农收入）；

④其他____

4. 您家年总收入：_____元（其中农业收入：_____元，非农收入：_____元）。

5. 您家农地面积情况：

（1）水田

①承包地_____公顷；②转入地_____公顷；③转出地_____公顷；④经营地（①+②-③）_____公顷

● 从专业农场转入面积_____公顷，给专业农场转出面积_____公顷

● 从一般农户转入面积_____公顷，给一般农户转入面积_____公顷

（2）旱田

①承包地_____公顷；②转入地_____公顷；③转出地_____公顷；④经营地（①+②-③）_____公顷

● 从专业农场转入面积_____公顷，给专业农场转出面积_____公顷

● 从一般农户转入面积_____公顷，给一般农户转入面积_____公顷

6. 专业农场带来的变化和满意度：

（1）种子、肥料、农药等农业生产资料的共同购入方面

1）对价格的满意度：

①非常满意；②比较满意；③一般；④比较不满意；⑤非常不满意

2）对质量的满意度：

①非常满意；②比较满意；③一般；④比较不满意；⑤非常不满意

3）其他意见____________________________________

（2）农业设备、机械拥有情况及从专业农场设备、机械租赁的情况：

	拥有情况			从专业农场租赁状况		
	数量	购入年份	购入金额（其中政府补贴）(元)	租赁费（元/公顷）	租赁期间（日）	今后租赁意向
拖拉机						
耕耘机						
插秧机						
育苗机						
联合收割机						
防除机（植保机）						
干燥机						
其他						

1）对农业设备、机械租赁费的满意度：

①非常满意；②比较满意；③一般；④比较不满意；⑤非常不满意

2）对农业设备、机械性能的满意度：

①非常满意；②比较满意；③一般；④比较不满意；⑤非常不满意

3）其他意见____________________________________

（3）农地利用调整（加入农户之间互换零散农地等有利于农地集聚、大规模化生产）

1）通过农地集聚提高农业作业效率的满意度：

①非常满意；②比较满意；③一般；④比较不满意；⑤非常不满意

2）其他意见________________________________

（4）农业作业技术的共享

1）专业技术人员定期指导栽培技术及确认栽培情况方面的满意度：

①非常满意；②比较满意；③一般；④比较不满意；⑤非常不满意

2）专业技术人员定期指导农业机械利用技术方面的满意度：

①非常满意；②比较满意；③一般；④比较不满意；⑤非常不满意

3）其他意见________________________________

（5）销售情况

1）农作物的销路及理由：

①向加入专业农场的相关农产品加工厂销售，理由____；

②向其他农产品加工厂销售，理由________________________；

③个人销售，理由________________________________；

④其他________________________________，理由________________________________

2）对销售价格的满意度：

①非常满意；②比较满意；③一般；④比较不满意；⑤非常不满意

3）收入变化：

①收入增加，理由________________________；

②收入减少，理由________________________；

③没有变化，理由________________________

7. 农业接班人情况：

（1）现在，与接班人一起进行个别耕种

①是（接班人人数______人，性别，______，年龄______岁）；②不是

（2）今后，接班人进行个别耕种

①是（接班人人数______人，性别，______，年龄______岁）；②不是

8. 个别耕种还能持续多长时间：

①20 年以上；②10~20 年；③5~10 年；④3~5 年以下；⑤3 年以下；⑥离农（明年开始）

9. 今后进行个别耕种相关的意愿：

①维持现在个别耕种规模，理由：____________________；

②扩大个别耕种规模，理由：____________________；

③缩小个别耕种规模，理由：____________________；

④离农，理由：____________________；

⑤其他____________________，理由：____________________

※理由（多项选择）：

①期待农业收入增加；②机械化大规模经营；③年轻；④对个别耕种有梦想（vision）；⑤农地集聚轻松；⑥有农业接班人；⑦高龄；⑧劳动力不足；⑨外出务工（国内外劳务输出）；⑩其他（在专业农场工作）

10. 对专业农场的综合评价：

（1）农业作业相关的评价（多项选择）

①通过大量购买农机具，促进农业机械化；②通过机械及设施的共同利用，提高农业作业效率；③通过农地集聚，具备

了大规模经营条件；④经营者实现生产、加工、销售、服务一体化经营，消除了农民对产品销路的担心；⑤通过增加设备、机械以及农业作业技术的共享，提高栽培技术；⑥其他________

____

（2）非农业作业相关的评价（多项选择）

①便于寻找农地转出、转入对象；②农地转出、转入得到保障；③其他（对农场内就业、工资的满意度，农地流转价格等）；④其他________________________

11. 请对专业农场建设与发展提出宝贵的意见和建议。

____

____

____

____

____

____

____

____

参考文献

［1］白士天，李凯伦，宋克彬. 基于DEA模型的延边地区水稻家庭农场土地适度规模经营分析［J］. 延边大学农学学报，2016（3）：256-262.

［2］包宗顺，徐志明，高珊，周春芳. 农村土地流转的区域差异与影响因素——以江苏省为例［J］. 中国农村经济，2009（4）：23-30+47.

［3］陈军民，翟印礼. 家庭农场生成的动因、约束及破解思路：交易成本视角［J］. 农村经济，2015（8）：15-20.

［4］陈璐，李玉琴，王颜齐. 新型农业经营主体推动农村三产融合发展的增收效应分析［J］. 学习与探索，2019（3）：116-123.

［5］陈楠，郝庆升. 家庭农场发展环境要素分析与实证验证——基于吉林延边的调查数据［J］. 农业现代化研究，2017（3）：429-436.

［6］邓志锋. 农村土地流转中政府制度供给探讨［J］. 农村经济，2010（7）：24-27.

［7］丁关良. 土地承包经营权基本问题研究［M］. 杭州：浙江大学出版社，2010.

［8］杜志雄. 家庭农场的经营和服务双重主体地位研究：农机服务视角［J］. 理论探讨，2017（2）：78–83.

［9］高强，周振，孔祥智. 家庭农场的实践界定、资格条件与登记管理——基于政策分析的视角［J］. 农业经济问题，2014（09）：11–18+110.

［10］郭庆海. 新型农业经营主体功能定位及成长的制度供给［J］. 中国农村经济，2013（4）：4–11.

［11］韩学平. 我国土地适度规模经营政策的历史演变与反思［J］. 科学社会主义，2010（2）：121–123.

［12］贺雪峰. 地权的逻辑：中国农村土地制度向何处去［M］. 北京：中国政法大学出版社，2010.

［13］贺雪峰. 地权的逻辑 2：地权变革的真相与谬误［M］. 北京：东方出版社，2012.

［14］黄祖辉，俞宁. 新型农业经营主体：现状、约束与发展思路——以浙江省为例的分析［J］.中国农村经济，2010（10）：16–26+56.

［15］江维国，李立清. 互联网金融下我国新型农业经营主体的融资模式创新［J］. 财经科学，2015（8）：1–12.

［16］孔祥智，穆娜娜. 实现小农户与现代农业发展的有机衔接［J］. 农村经济，2018（2）：1–7.

［17］李明权，闫新华. 农地流动的影响因素分析——以吉林省延边地区的农地转包为例［J］. 农村经济，2005（8）：24–27.

［18］李启宇. 基于城乡统筹的农地承包经营权流转制度创新研究［D］. 四川农业大学博士学位论文，2010.

［19］李俏，付雅雯，蔡永民. 多功能农业视角下的家庭农场发展研判［J］. 贵州社会科学，2015（10）：160–164.

［20］黎霆，赵阳，辛贤．当前农地流转的基本特征及影响因素分析［J］．中国农村经济，2009（10）：4-11．

［21］李伟民，薛启航．新型农业经营主体参与精准扶贫的优势与困境：基于多元主体视角［J］．农村经济，2019（3）：73-79．

［22］李远东．我国农业生产经营组织形式变革的实现途径探析［J］．经济经纬，2009（5）：113-116．

［23］李忠文．培育新型农业经营主体创建现代农业经营体系［J］．延边党校学报，2015（6）：4-5．

［24］林文声，罗必良．农地流转中的非市场行为［J］．农村经济，2015（3）：27-31．

［25］刘同山，毛飞，孔祥智．新型农业经营主体中青年农民精英的作用研究——以河南省为例［J］．农村经济，2015（9）：104-109．

［26］罗必良．农地流转的市场逻辑——“产权强度—禀赋效应—交易装置”的分析线索及案例研究［J］．南方经济，2014（5）：1-24．

［27］朴世峰．延边地区专业农场发展现状及对策研究［D］．延边大学博士学位论文，2014．

［28］钱忠好．非农就业是否必然导致农地流转——基于家庭内部分工的理论分析及其对中国农户兼业化的解释［J］．中国农村经济，2008（10）：13-21．

［29］阮荣平，曹冰雪，周佩，郑风田．新型农业经营主体辐射带动能力及影响因素分析——基于全国2615家新型农业经营主体的调查数据［J］．中国农村经济，2017（11）：17-32．

［30］沈权平，王国臣．延边农业产业化发展中存在的问题

及对策［J］. 延边大学农学学报，2015（1）：85-90.

［31］史常亮. 土地流转对农户资源配置及收入的影响研究［D］. 中国农业大学，2018.

［32］宋克彬，金龙勋，白士天.延边专业农场发展的对策及关键问题探讨［J］. 延边大学农学学报，2015（6）：160-164.

［33］苏昕，王可山，张淑敏. 我国家庭农场发展及其规模探讨——基于资源禀赋视角［J］. 农业经济问题，2014（5）：8-14.

［34］滕鹏，宋戈，黄善林，陶军德，徐四桂. 农户认知视角下农地流转意愿影响因素研究——以湖北省京山县为例［J］. 中国农业资源与区划，2017（1）：89-95.

［35］田馨凝，尹哲友. 基于 IPA 分析法的延边专业农场农业经营能力评价［J］. 延边大学农学学报，2015（4）：340-343+348.

［36］许华荣. 民族地区新型城镇化视角下的家庭农场［J］. 改革与战略，2013（12）：105-108.

［37］延边朝鲜族自治州人民政府课题组：苏和平，张熙奕. 关于建设专业农场与促进土地流转的若干思考——以延边朝鲜族自治州为例论推动少数民族地区农村产业化、城市化的途径［J］. 延边大学学报（社会科学版），2009（1）：99-102+126.

［38］文华. 我国农村土地流转的制度演进、认识基础与现实反思［J］. 理论月刊，2010（7）：174-176.

［39］汪发元. 中外新型农业经营主体发展现状比较及政策建议［J］. 农业经济问题，2014（10）：26-32+110.

［40］王洪生. 党的十一届三中全会以来农村土地承包经营权流转改革研究［D］. 西南大学博士学位论文，2009.

［41］ 王吉鹏，肖琴，李建平. 新型农业经营主体融资：困境、成因及对策——基于 131 个农业综合开发产业化发展贷款贴息项目的调查［J］. 农业经济问题，2018（2）：71-77.

［42］ 王雪琪，邹伟，朱高立，曹铁毅. 地方政府主导农地流转对农户转入规模与粮食单产的影响——以江苏省五地市为例［J］. 资源科学，2018（2）：326-334.

［43］ 汪艳涛，高强，金炜博. 农村金融支持影响家庭农场培育的机理与实效——基于金融支持来源视角的实证检验［J］. 财经论丛，2015（9）：34-41.

［44］ 王志刚，于滨铜. 农业产业化联合体概念内涵、组织边界与增效机制：安徽案例举证［J］. 中国农村经济，2019（2）：60-80.

［45］ 王贻术. 我国家庭农场发展研究［D］. 福建师范大学博士学位论文，2015.

［46］ 温铁军. 三农问题与制度变迁［M］. 北京：中国经济出版社，2009.

［47］ 吴光芸，万洋. 中国农村土地流转政策变迁的制度逻辑——基于历史制度主义的分析［J］. 青海社会科学，2019（1）：86-94.

［48］ 鄢姣，王锋，袁威. 农地流转、适度规模经营与农业生产效率［J］. 资源开发与市场，2018（7）：947-955.

［49］ 杨成林. 交易成本视角下农地流转的机制分析［J］. 中州学刊，2014（5）：56-61.

［50］ 曾福生，曾超群，文雄. 农地流转的理论、模式与机制构建［M］. 北京：中央编译出版社，2012.

［51］ 张放，楼栋. 农村土地流转法制化发展路径探析——

以吉林省延边州专业农场做法为例［J］. 中国物价，2014（4）：88–91.

［52］张焕勇，周志鹏，浦徐进. 农产品供应链视角下的家庭农场销售渠道模式选择［J］. 商业研究，2016（10）：130–137.

［53］赵朝. 吉林省西部地区农地流转问题研究［D］. 吉林大学博士学位论文，2018.

［54］赵晓峰，赵祥云. 新型农业经营主体社会化服务能力建设与小农经济的发展前景［J］. 农业经济问题，2018（4）：99–107.

［55］赵阳. 城镇化背景下的农地产权制度及相关问题［J］. 经济社会体制比较，2011（2）：20–25.

［56］赵阳，李隆伟. 农村土地确权登记颁证有关问题探讨［J］. 兰州大学学报（社会科学版），2017（1）：1–7.

［57］钟涨宝. 农地资源流转过程中的农户行为分析［D］. 华中农业大学博士学位论文，2004.

［58］钟涨宝，汪萍. 农地流转过程中的农户行为分析——湖北、浙江等地的农户问卷调查［J］. 中国农村观察，2003（6）：55–64.

［59］钟涨宝，寇永丽，韦宏耀. 劳动力配置与保障替代：兼业农户的农地转出意愿研究——基于五省微观数据的实证分析［J］. 南京农业大学学报（社会科学版），2016（2）：84–92+154–155.

［60］周娟. 基于农户家庭决策的土地流转与适度规模经营的微观机制分析［J］. 南京农业大学学报（社会科学版），2018（5）：88–97+157–158.

［61］延边州人民政府，http：//www.yanbian.gov.cn/.

[62] 延边日报朝文版，http：//www.iybrb.com/.

[63] 延边日报数字报，http：//ipaper.hybrb.com/.

[64] 延边新闻网，http：//www.ybrbnews.cn/.

[65] 延边信息港，http：//www.yb983.com/.

[66] 图们市人民政府，http：//www.tumen.gov.cn/.

[67] 吉林省统计局，http：//tjj.jl.gov.cn/.

[68] 吉林省人民政府，http：//www.jl.gov.cn/.

[69] 中华人民共和国国家统计局国家数据，http：//data.stats.gov.cn/.

[70] 中国农网，http：//www.farmer.com.cn/.

[71] 中国农业信息网，http：//www.agri.cn/.